英単語ピーナツ

BASIC 1000

安河内哲也／佐藤誠司 ◆共著

PEANUT

南雲堂

協力者を紹介させていただきます。

清水かつぞー先生・國弘正雄先生

英文校閲
Jim Knudsen
Richard Best

校正協力
田平　稔

作詞
川村　徹

イラスト
はまの　ふみこ

デザイン
銀月堂

ナレーター
Josh Keller（米）
彼方　悠璃

制作
柴崎　利恵
日本ハイコム（株）
（有）松村製本所

編集
加藤　敦

ありがとうございました。

BASIC 1000

まえがき

　いきなりだが，**「英単語ピーナツ」**（以下「ピー単」）はマイナーな単語集だ。この単語集を採用している高校の先生も相当な変わり者，いや強者(つわもの)である。

　しかしだよ，諸君，このシリーズは，うそかまことか，本当に英語を使って仕事をしている人や難関大合格者たちの圧倒的な支持を得ているんだ。英語が話せる達人(たつじん)たちはこぞってピーナツをすすめているわけで。

　でも，受験だけ合格すれば話せなくてよいとか，すぐにスコアだけ上げたいとか，もっと詳しいほうがいいとか言う人は，わざわざこの単語集をやる必要はないよ。もっと，頭も体も使わなくていい，みんなが使ってる単語集をやっとけばいい。

　「ピー単」は，英語大ファンによる，英語大ファンのための単語集なのである。東大に合格した人が，「ピー単」をたくさんすすめているからと言って，東大に合格したいだけの人が，この本を使い始めると本の価値がなくなる。「ピー単」をやった人が，東大や早慶に合格しているとか，TOEIC(トーイック)で満点をとっているとかいうのは，単なる必然的な「結果」にすぎないんだ。

　別に「ピー単」シリーズは東大に合格させるためとか，TOEICのスコアを上げさせるために作っているわけじゃない。ホンモノの英語ができる人を養成するために作っているのだ。ホンモノの英語ができるようになれば，入試の問題やTOEICなどへのかっぱだ，へのかっぱ。「ピー単」は「テスト対策本」じゃないよ。「英語道場の教本」なんだよ。

BASIC 1000

　だからこそ，わざわざ，世の中の流れに反して「ピー単」を使ってくれる君は，不必要にやたらと出てくるコラムにも，きっと興味を示してくれるだろう。「ピー単」使用者は，きっと，柄にもない，僕の本音の毒舌にもつきあってくれると信じてる。
　よしっ！　すぐにCDをセットして，英語をとことん楽しむよ。英語道場のはじまりだ。

　コロケーション単語集の始祖，故清水かつぞー先生，そして，敬愛する國弘正雄先生に愛をこめて。

安河内哲也

BASIC 1000

この本の使い方

★ピーナツ方式で，一気に 1667 語を食べてしまおう！

　ピーナツには豆が２つ入っていますね。『英単語ピーナツ』も「形容詞＋名詞」や「動詞＋名詞」などの２語の連語からできています。

　たとえば「単語を暗記する」という意味の memorize words というフレーズには，memorize（暗記する）という動詞と words（単語）という２つの単語が含まれています。このようなカタマリのことをコロケーションと呼びますが，ひとつのコロケーションを学習すると，２つの単語をいっぺんにおぼえることができるわけです。

　また，英文を素早く話したり書いたりするには，単語と単語をまとめてスピーディーに運用することが重要です。
本書では，このような，英単語のピーナツ，つまり連語が，１ページに 10 個，全部で 1000 個入っています。

　1000 個といっても，一つ一つの連語には複数の単語が含まれているわけですから，この１冊（BASIC コース）で，合計 1667 個（INDEX 収録語数）の英単語をマスターすることができるわけです。

★様々な学習法を組み合わせれば効果は倍増だ！

　本書と音声ＣＤを使えば，様々な形式の学習が可能になります。英単語を暗記するには，あまり形式を固定せずに，マンネリ化を避けることも重要です。ここでは，ピーナツを使った様々な勉強方法を紹介したいと思います。（ＣＤは 20 個ごとに録音されています）

BASIC 1000

1. 日本語 → 英語【英作文方式】(もっとも標準的な学習法)

　日本語→英語の流れで食べていきます。単語のスペリングを2字か3字ヒントとして与えてありますから，これを頼りに全体のスペリングを思い出してください。頭の中でやってもかまいませんが，最初のうちは紙に書いていくことを勧めます。わからない単語は，左側のＡＢＣ順に並んだお助けリストから選んで，素直に書き写しましょう。書き写す際に英単語を音読するとさらに頭に残ります。答えは裏のページにあります。ヒントだけで食べられたピーナツには，印をつけておきましょう。8ページの見本にあるように，正の字を書いてもいいし，日本語の周囲を線で囲んでもいいでしょう。

　この学習法にピッタリの日本語→英語の流れの音声データを別途ダウンロード販売（定価420円）しています。デジタルオーディオプレーヤーなどに入れて持ち歩き，1000個のピーナツを完全に消化してしまいましょう。

DL-MARKET http://www.dlmarket.jp/ 『英単語ピーナツ』で検索！

Openmarket of digital contents
DL♦MARKET

2. 英語 → 日本語【即答通訳方式】

　英語に強くなるには，スピードを磨くことが大切です。連語を先に英語で見て，日本語に変換する練習をしてみましょう。この練習をするときには、「ピー単」を反対側からめくっていくとよいでしょう。日本語はわざわざ紙に書く必要はないでしょう。口頭で言ってみたり，頭の中でやってみて，できなかったものにチェックを入れていき，次の回はその連語を集中的に復習しましょう。

3. 音声 → 日本語【口頭通訳方式】

　本書に付属のＣＤを用いて通訳訓練をやってみましょう。耳で聞いた英語をすぐに日本語にする訓練をします。最初は本の英語を見ながらでも大丈夫ですが，最終的には，耳だけで英語を聞きながら，日本語の意味がすべて出てくるようになるまで練習しましょう。

4. 音声 → リピート【英英直解方式】

　発音の練習と英語のまま意味を理解する訓練をかねて，英語の音声をリピートしましょう。英語のまま概念が頭の中に描けるようになることが，最終的な目標となります。日常的にこの訓練を繰り返すことにより，英語の感覚が頭の中に定着していきます。また，英語を反射的に発話する訓練にも最適です。

★さあ，それでは早速ピーナツを食べ始めましょう！

◀アク→アクセント注意　◀発音→発音注意を示す

※発音は原則として米語音を採用。
※イタリック［斜体字］部分は省略可能。なおイタリックは次の場合も含む。

脱落
綴り字にはあっても，自然に発音すると過半数の英米人が脱落させる子音。
例：attempt [ətémpt]

挿入
suggest, often 等の綴り字にあっても以前は発音されなかったが，最近（英または米で）半数を超えて発音されるようになった [g] および [t] 等の挿入子音。

BASIC 1000

テーマ・分野別 → 衣食住

チェック欄・使い方自由。

ピー君です。厳しくやさしいトレーナー

1. 田舎へ引っ越す
☑☑☑ m..e to the c...ry

2. 都会の生活を楽しむ
☑☑☐ e...y u...n life

3. 東京の郊外（こうがい）に住む
☑☐☐ live in a su...b of Tokyo

4. 住宅(の)地域 ← **問題文**
☐☐☐ a re.......al a..a

5. 公共(の)施設（しせつ）
☐☐☐ a p....c fa....ty ← **ヒントです**

6. 私の近所で
☐☐☐ in my nei........d

7. ３階建ての家　正 正 下 ← **正答回数の記録を書こう**
☐☐☐ a three-s...y house

8. 家をリフォームする
☐☐☐ re....l a house

9. 階段を昇（のぼ）る
☐☐☐ go up the s...rs

10. 屋根の上の太陽(電池の)パネル
☐☐☐ a s...r p...l on the r..f

お助けリスト（ABC順）
- area
- country
- enjoy
- facility
- move
- neighborhood
- panel
- public
- remodel
- residential
- roof
- solar
- stair
- story
- suburb
- urban

最初は指でかくす。

※(　)は「省略可能」を示します。
　[　]は「直前の部分と交換可能」を示します。

衣食住

1	田舎へ引っ越す
□□□	m..e to the c....ry

2	都会の生活を楽しむ
□□□	e...y u...n life

3	東京の郊外に住む
□□□	live in a su...b of Tokyo

4	住宅(の)地域
□□□	a re.......al a..a

5	公共(の)施設
□□□	a p....c fa....ty

6	私の近所で
□□□	in my nei........d

7	3階建ての家
□□□	a three-s...y house

8	家をリフォームする
□□□	re....l a house

9	階段を昇る
□□□	go up the s...rs

10	屋根の上の太陽(電池の)パネル
□□□	a s...r p...l on the r..f

area
country
enjoy
facility
move
neighborhood
panel
public
remodel
residential
roof
solar
stair
story
suburb
urban

🔘 CD 2

1. **move to the country**
   [kʌ́ntri] ◀発音

2. **enjoy urban life**
   [ə́ːrbən] ◀アク

3. **live in a suburb of Tokyo**
   [sʌ́bəːrb] ◀アク

4. **a residential area**
   [rèzədénʃəl]   [éəriə] ◀発音◀アク

5. **a public facility**
   [pʌ́blɪk]   [fəsíləti] ◀アク

6. **in my neighborhood**
   [néɪbərhùd] ◀発音

7. **a three-story house**

8. **remodel a house**
   [rìmáːdl]

9. **go up the stairs**
   [stéərz]

10. **a solar panel on the roof**
    [sóulər]

英語 / English

たいへん
お待たせ
いたしました

apartment
comfortable
couch
curtain
device
draw
drawer
facing
fee
furniture
maintenance
rent
secondhand
security
shelf
south
sunshine
toolbox

11 日当たりがいい
　　 get a lot of su....ne

12 南に向いた部屋
　　 a room f..ing s...h

13 アパートを借りる
　　 r..t an a......nt

14 防犯設備（ぼうはんせつび）
　　 a se....ty d....e

15 管理費（かんりひ）（用）
　　 a ma.......ce f.e

16 心地よい長いす（ここち）
　　 a co.......le c...h

17 カーテンを引く
　　 d..w the cu....ns

18 中古の家具（かぐ）
　　 se......nd fu.....re

19 引き出しを開ける
　　 open a d...er

20 棚の上の道具箱（たな）
　　 a t.....x on the s...f

11	**get a lot of sunshine**
	[sʌ́nʃàɪn] ◀アク

12	**a room facing south**
	[féɪsɪŋ] [sáʊθ]

13	**rent an apartment**

14	**a security device**
	[sɪkjʊ́ərəti] [dɪváɪs] ◀発音 ◀アク

15	**a maintenance fee**
	[méɪntənəns] ◀発音 [fíː]

16	**a comfortable couch**
	[kʌ́mftəbl] ◀アク [káʊtʃ] ◀発音

17	**draw the curtains**
	[drɔ́ː] ◀発音 [kə́ːrtnz]

18	**secondhand furniture**
	[sékəndhæ̀nd] [fə́ːrnɪtʃər] ◀アク

19	**open a drawer**
	[drɔ́ːər]

20	**a toolbox on the shelf**
	[túːlbɑ̀ks] ◀アク [ʃélf]

英語 / English

『BASIC コース』の開講です

| 21 | 本を収納(しゅうのう)するスペース |
s...e to s...e books

| 22 | 毛布(もうふ)と枕(まくら) |
b....ets and p.....s

| 23 | ドアの鍵(かぎ)をあける |
u...ck a door

| 24 | 花壇(かだん)に水をまく |
w...r a fl.....ed

| 25 | 雑草(ざっそう)を引き抜く |
pull out w..ds

| 26 | 大工(だいく)道具 |
ca.....er's t..ls

| 27 | 釘(くぎ)をハンマーで打つ |
h...er a n..l

| 28 | 板をのこぎりで切る |
s.w a b...d

| 29 | 太い針金(はりがね) |
a th..k w..e

| 30 | 持ち運びできるはしご |
a p....ble l...er

blanket
board
carpenter
flowerbed
hammer
ladder
nail
pillow
portable
saw
space
store
thick
tool
unlock
water
weeds
wire

CD 3

21 **space to store books**
[stɔ́ːr]

22 **blankets and pillows**
[blǽŋkəts]　　　　[píloʊz]

23 **unlock a door**
[ʌnláːk]

24 **water a flowerbed**
[fláʊərbèd]

25 **pull out weeds**
[wíːdz]

26 **carpenter's tools**
[káːrpəntərz] ◀アク　[túːlz] ◀発音

27 **hammer a nail**
[hǽmər] ◀発音　[néɪl]

28 **saw a board**
[sɔ́ː] ◀発音　[bɔ́ːrd] ◀アク

29 **a thick wire**
[θík]　　[wáɪər]

30 **a portable ladder**
[pɔ́ːrtəbl]　　[lǽdər]

英語
English

まずは
ウォーミング
アップから

31	試着室
□□□	a f....ng room

32	毛皮のコートを着る
□□□	put on a f.r c..t

33	普段の服[普段着]を着ている
□□□	w..r c....l c....es

34	1着の革のズボン
□□□	a pair of l....er p...s

35	花(の)模様
□□□	a fl...l pa....n

36	無地のネクタイ
□□□	a p...n t.e

37	セーターを編む
□□□	k..t a sw....r

38	上着にボタンを縫いつける
□□□	s.w a b...on on a j...et

39	針と糸
□□□	n...le and th...d

40	傘をたたむ
□□□	f..d an u.....la

button
casual
clothes
coat
fitting
floral
fold
fur
jacket
knit
leather
needle
pants
pattern
plain
sew
sweater
thread
umbrella
tie
wear

31 a fitting room

32 put on a fur coat
[fə́ːr] ◀発音 [kóut] ◀発音

33 wear casual clothes
[kǽʒuəl] [клóuz] ◀発音

34 a pair of leather pants
[léðər]

35 a floral pattern
[flɔ́ːrəl] [pǽtərn] ◀アク

36 a plain tie
[pléɪn] [táɪ] ◀発音

37 knit a sweater
[nít] ◀発音 [swétər] ◀発音

38 sew a button on a jacket
[sóu] ◀発音 [bʌ́tn] ◀発音

39 needle and thread
[níːdl] [θréd] ◀発音

40 fold an umbrella
[fóuld] [ʌmbrélə] ◀アク

英語 English

一個でいいから食べてみる

41	汚れた靴
□□□	d...y sh..s

42	しみを落とす
□□□	re...e a s...n

43	泥をふき取る
□□□	w..e the d..t off

44	洗濯物を取り込む
□□□	bring the la....y in

45	環境に優しい洗剤
□□□	eco-......ly de.....nt

46	シャツにアイロンをかける
□□□	i..n a s....t

47	しずくがたれている蛇口
□□□	a d....ing fa...t

48	詰まっている配水管
□□□	a cl...ed d....pipe

49	押入れを整頓する
□□□	t..y a cl...t

50	床を掃く
□□□	sw..p a f...r

clogged
closet
detergent
dirt
dirty
drainpipe
drip
eco-friendly
faucet
floor
iron
laundry
remove
shoe
stain
shirt
sweep
tidy
wipe

● CD 4

41 **dirty shoes**
[də́:rti] [ʃúːz] ◀発音

42 **remove a stain**
[stéɪn]

43 **wipe the dirt off**
[wáɪp] [də́:rt]

44 **bring the laundry in**
[lɔ́:ndri] ◀発音

45 **eco-friendly detergent**
[dɪtə́:rdʒənt]

46 **iron a shirt**
[áɪərn] ◀発音 [ʃə́:rt]

47 **a dripping faucet**
[fɔ́:sət] ◀発音

48 **a clogged drainpipe**
[klá:gd] [dréɪnpàɪp]

49 **tidy a closet**
[táɪdi] [klá:zət]

50 **sweep a floor**
[swíːp] [flɔ́:r]

英語
English

ねっ、おいしいでしょ

51	ぞうきんを絞る
☐☐☐	s....ze a r.g

52	じゅうたんに掃除機をかける
☐☐☐	v....m a c....t

53	おもちゃを散らかす
☐☐☐	sc...er t.ys

54	燃えるゴミ
☐☐☐	bu....le g....ge

55	ゴミを分別する
☐☐☐	se.....e t...h

56	おいしい食事
☐☐☐	a d......us m..l

57	テーブルを予約する
☐☐☐	re....e a table

58	予約を取り消す
☐☐☐	c...el a re......ion

59	君に夕食をおごる
☐☐☐	t...t you to d...er

60	請求額を均等に分ける[割り勘にする]
☐☐☐	s...t a b..l e....ly

bill
burnable
cancel
carpet
delicious
dinner
equally
garbage
meal
rag
reserve
reservation
scatter
separate
split
squeeze
toy
trash
treat
vacuum

51	**squeeze a rag**
☐☐☐	[skwíːz]

52	**vacuum a carpet**
☐☐☐	[vǽkjuːm] ◀アク

53	**scatter toys**
☐☐☐	[skǽtər]　[tɔ́ɪz]

54	**burnable garbage**
☐☐☐	[bə́ːrnəbl]　[gáːrbɪdʒ] ◀発音

55	**separate trash**
☐☐☐	[sépərèɪt] ◀アク [trǽʃ]

56	**a delicious meal**
☐☐☐	[dɪlíʃəs] ◀アク [míːl]

57	**reserve a table**
☐☐☐	[rɪzə́ːrv]

58	**cancel a reservation**
☐☐☐	[kǽnsl]　[rèzərvéɪʃən]

59	**treat you to dinner**
☐☐☐	[tríːt] ◀発音

60	**split a bill equally**
☐☐☐	[splít]　[íːkwəli] ◀アク

英語
English

ピーナツ君は
あとをひく

One more!

61	食欲がない
□□□	have no ap....te

62	昼食を時々抜く
□□□	so......s s..p lunch

63	食品添加物
□□□	food ad....ve

64	健康的な食事
□□□	a h....hy d..t

65	十分な栄養を取る
□□□	get e...gh n.....ion

66	バランスの取れた食習慣
□□□	ba....ed eating h...ts

67	肉よりも魚を好む
□□□	p...er fish to m..t

68	食物(の)繊維
□□□	d....ry f...r

69	ビタミンCを含む
□□□	c....in v....in C

70	消化しやすい
□□□	be easy to d....t

additive
appetite
balanced
contain
diet
dietary
digest
enough
fiber
habit
healthy
meat
nutrition
prefer
skip
sometimes
vitamin

🔘 CD 5

61 have no appetite
[ǽpətàɪt] ◀アク

62 sometimes skip lunch

63 food additive
[ǽdətɪv]

64 a healthy diet
[hélθi]　　[dáɪət]

65 get enough nutrition
[ɪnʌ́f] ◀発音　[n(j)u(ː)tríʃən] ◀アク

66 balanced eating habits
[bǽlənst] ◀アク　　　[hǽbəts]

67 prefer fish to meat
[prɪfə́ːr] ◀アク　　[míːt]

68 dietary fiber
[dáɪətèri]　[fáɪbər] ◀発音

69 contain vitamin C
[kəntéɪn] ◀アク [váɪtəmɪn] ◀発音◀アク

70 be easy to digest
[daɪdʒést] ◀発音◀アク

英語 English

表現との出会いを大切に！

71 賞味期限切れの食品
o.....ed food

72 食中毒
food p......ng

73 パイの材料
in......nts of a p.e

74 リンゴの芯
an apple c..e

75 バナナの皮
a banana s..n

76 スイカの種
a wa......on s..d

77 自家製のクッキー
ho....de c....es

78 オレンジの皮をむく
p..l an o...ge

79 キャベツをきざむ
s...d c....ge

80 生の牛肉
r.w b..f

beef
cabbage
cookie
core
homemade
ingredient
orange
outdated
peel
pie
poisoning
raw
seed
shred
skin
watermelon

23

71 **outdated food**
[àʊtdéɪtɪd]

72 **food poisoning**
[pɔ́ɪznɪŋ]

73 **ingredients of a pie**
[ɪŋgríːdiənts] ◀アク　　[páɪ] ◀発音

74 **an apple core**
[kɔ́ːr]

75 **a banana skin**
[bənǽnə] ◀アク

76 **a watermelon seed**
[wɑ́ːtərmèlən] ◀アク　[síːd]

77 **homemade cookies**
[hóʊmmèɪd] ◀アク

78 **peel an orange**
[píːl]　　　[ɔ́(ː)rɪndʒ] ◀発音◀アク

79 **shred cabbage**
[ʃréd] ◀発音 [kǽbɪdʒ] ◀発音

80 **raw beef**
[rɔ́ː] ◀発音

英語 English

覚えようとしなくていいよ

81	なべにふたをする
☐☐☐	put a l.d on the p.t

82	やかんで湯をわかす
☐☐☐	b..l water in a k....e

83	ピザを電子レンジで温（あたた）める
☐☐☐	mi.....ve a p...a

84	スープに塩を加（くわ）える
☐☐☐	a.d s..t to the s..p

85	うなぎを（網（あみ）で）焼く
☐☐☐	b...l e..s

86	冷蔵庫（れいぞうこ）の温度
☐☐☐	re........or te.......re

87	冷凍（れいとう）の鶏肉（とりにく）
☐☐☐	f....n ch...en

88	２枚のトースト
☐☐☐	two s...es of t...t

89	これはすっぱい味がする。
☐☐☐	This t...es s..r.

90	苦（にが）い味
☐☐☐	a b....r fl...r

add
bitter
boil
broil
chicken
eel
flavor
frozen
kettle
lid
microwave
pot
pizza
refrigerator
salt
slice
soup
sour
taste
temperature
toast

◎ CD 6

81 put a lid on the pot

82 boil water in a kettle
[kétl]

83 microwave a pizza
[máɪkrouwèɪv] ◀アク [píːtsə] ◀発音

84 add salt to the soup
[ǽd] [sɔ́ːlt] ◀発音 [súːp] ◀発音

85 broil eels
[brɔ́ɪl] [íːlz] ◀発音

86 refrigerator temperature
[rɪfrídʒərèɪtər] ◀アク [témpərtʃər] ◀アク

87 frozen chicken
[fróuzn]

88 two slices of toast
[sláɪsɪz] [tóust] ◀発音

89 This tastes sour.
[téɪsts] [sáuər] ◀発音

90 a bitter flavor
[bítər] [fléɪvər] ◀発音

英語 / English

やれば当然覚えます

91	濃いお茶を入れる
□□□	make s...ng tea

92	香りのよいコーヒー豆
□□□	fr....nt coffee b...s

93	ひどいにおい
□□□	an a...l s...l

94	カップにコーヒーを注ぐ
□□□	p..r coffee into a cup

95	じゅうたんにコーヒーをこぼす
□□□	s...l coffee on a c...et

96	ひびの入ったコップ
□□□	a c....ed glass

97	ジョッキ1杯のビール
□□□	a m.g of b..r

98	乾杯する
□□□	make a t...t

99	酔った状態になる
□□□	get d...k

100	二日酔いだ
□□□	have a h.....er

awful
beans
beer
carpet
cracked
drunk
fragrant
hangover
mug
pour
smell
spill
strong
toast

91	**make strong tea**
92	**fragrant coffee beans** [fréɪgrənt] ◀発音
93	**an awful smell** [ɔ́ːfl] ◀発音
94	**pour coffee into a cup** [pɔ́ːr] ◀発音
95	**spill coffee on a carpet**
96	**a cracked glass** [krǽkt]
97	**a mug of beer** [mʌ́g] ◀発音 [bíər] ◀発音
98	**make a toast** [tóʊst]
99	**get drunk** [drʌ́ŋk]
100	**have a hangover** [hǽŋòʊvər] ◀アク

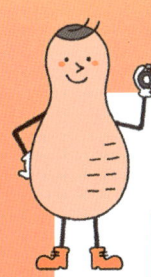

100個 一気食いへの挑戦！

	挑戦日			所要時間		正答数
1						
	年	月	日	分	秒	/100
2						
	年	月	日	分	秒	/100
3						
	年	月	日	分	秒	/100
4						
	年	月	日	分	秒	/100
5						
	年	月	日	分	秒	/100
6						
	年	月	日	分	秒	/100
7						
	年	月	日	分	秒	/100
8						
	年	月	日	分	秒	/100
9						
	年	月	日	分	秒	/100
10						
	年	月	日	分	秒	/100

繰り返しは無限の喜びである

英単語つれづれ草

1. 君よ！偏るな！

　英語がほんとうにできるようになるためには，目の前のテストにふり回されないことが大切だよ。

　誰がどうみても，日本の英語教育はメチャメチャに偏（かたよ）っている。英語の技術には，R（Reading），W（Writing），S（Speaking），L（Listening）の4つがあり，それらを修得するための前段階として，G（Grammar）やV（Vocabulary）があるわけだ。

　大学の入学試験では，問題が作りやすいからか，この中で，Rだけが異常なまでに肥大化している。また，学校や予備校では，教えやすいからか，その前段階のGとVばかりに終始している。あげくの果てには，超難関大学といわれる大学に合格しても，結局英語がろくに話せも，書けも，聞けもしない生徒が多い。知っているのは，世界でも日本でしかお目にかからない，わけのわからない文法の理屈と，変な発音で覚えているから，全く通じないたくさんの単語。肝心の読む力も分析しかできないから，たいしたことはない。

　社会人はTOEIC（トーイック）試験に向けて勉強するから，まだ少しはましだ。でもこのTOEIC試験も偏っていて，LとRしか試されない。全く英語を話したり，書いたりできない人でも，マークシートの試験だから高得点が取れるのだ。満点を取っていても話せない人だらけだ。（ただし，TOEICスピーキングテストができたので，こちらはこれからは少しずつ良くなるだろう。）

　英語をマスターしたいなら，こんな日本の英語教育の偏りをよく知っておくことだ。冷めた目で見て，距離を置いた方がいい。難関大学の合格やTOEIC試験の満点は，バランスのとれた本来の英語

力を表しているわけではないのだ。

　だから，英語を勉強するときには，机の勉強はそこそこにして，とにかく口や手や耳をつかって，体で学ぶこと。音読，リピーティング，シャドウイングを通じて，音で学ぶことだ。そうすれば，試験で試されるRやLの能力も高めながら，SやWの修得にも役立つぞ。

　ピーナツの読者のみんなは，とにかくバランスを大切にするのだ。音を使って全身で学ぶこと。そして，4技能の中心となる英語力の核を作ってしまうのだ。そんなふうに学べば，テストにひきずられて君の英語力が偏ってしまう心配はなくなるぞ。さあ，ピーナツを片手に英語の達人を目指すのだ！

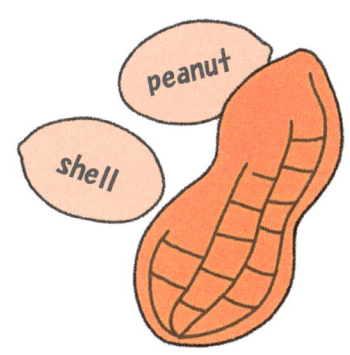

2. 音読による自動化訓練こそ大切なのだ！

　本気で使える英語の力を身につけたいと思うのなら，なんと言っても音読が大切だ。日本人はとかく，「使えない知識」を「エライ」と思う傾向があるようだが，英語は学問ではない。実技だ。どんなすばらしい理屈を知っていても，英語が話せもしないのでは，たとえ英語学の博士号を持っていても，グローバル社会では役には立たないだろう。

　もちろん，理屈がいらないと言っているわけではない。英語の技能は楽器の演奏とそっくりだ。ピアノを弾けるようになるには，楽譜を理解したり暗記したりしなければならない。しかし，楽譜を分析することに終始していても，ピアノが弾けるようになるはずはない。練習が大事なのである。

　何度も練習すれば，指が楽譜を覚える。つまり，理論が自動化されるわけだ。この練習にあたるのが「音読」である。まずは，最小限の理屈を学び，徹底的な音読により，一瞬で口から言葉が出てくる反射神経。それこそが英語の実力なのである。

　まかり間違っても，弾けない楽譜を分析してコレクションして自己満足するのはやめること。そうしないと，よく見かける，ピアノが弾けない楽譜評論家になっちゃうよ。

生活

101	小売店
	a r....l st..e

102	破(やぶ)れたビニール袋
	a t..n p....ic bag

103	輸入(された)品
	i.....ed g..ds

104	(戸別(こべつ))訪問販売(ほうもんはんばい)
	d..r-to-d..r s..es

105	欠陥(けっかん)のある製品
	a de....ive p....ct

106	クレームをつける
	make a co......t

107	化粧品(けしょうひん)を返品(へんぴん)する
	r....n co.....cs

108	チラシを配(くば)る
	di......te f...rs

109	(デパートの)台所(だいどころ)用品売り場
	the ki.......re de.....ent

110	常連(じょうれん)の客
	a re....r c.....er

ほら、食べられそうな単語でしょう

complaint
cosmetics
customer
defective
department
distribute
door-to-door
flier
goods
import
kitchenware
plastic
product
regular
retail
return
sale
store
torn

🔘 CD 7

101 **a retail store**
[ríːtèɪl] ◀アク[stɔ́ːr]

102 **a torn plastic bag**
[tɔ́ːrn]

103 **imported goods**
[ɪmpɔ́ːrtɪd] ◀アク

104 **door-to-door sales**
[séɪlz]

105 **a defective product**
[dɪféktɪv]　　[práːdəkt] ◀アク

106 **make a complaint**
[kəmpléɪnt] ◀アク

107 **return cosmetics**
[rɪtɚ́ːn]　　[kɑːzmétɪks] ◀アク

108 **distribute fliers**
[dɪstríbjuːt] ◀アク　[fláɪərz]

109 **the kitchenware department**
[kítʃənwèər]　　[dɪpáːrtmənt]

110 **a regular customer**
[régjələr]　　[kʌ́stəmər]

英語 / English

3個続けて いけました

111	高価な宝石類
	ex.....ve j....ry

112	ぜいたく品
	a l...ry i..m

113	年末の在庫一掃セール
	a y...-end cl.....ce s..e

114	買い物客で混雑している
	be cr....d with sh...ers

115	手ごろな値段
	a re......le p...e

116	会員割引をしてもらう
	get a m.......ip di....nt

117	値札
	a p...e t.g

118	プレゼントを別々に包む
	w..p the g..ts se......ly

119	精算カウンター
	a ch....ut c....er

120	10ドル札
	a ten-d....r b..l

bill
checkout
clearance
counter
crowded
discount
dollar
expensive
gift
item
jewelry
luxury
membership
price
reasonable
sale
separately
shopper
tag
wrap
year-end

111	**expensive jewelry** [ɪkspénsɪv] [dʒúːəlri]
112	**a luxury item** [lʌ́ɡʒəri] [áɪtəm]
113	**a year-end clearance sale** [klíərəns]
114	**be crowded with shoppers** [kráʊdɪd] [ʃɑ́ːpərz]
115	**a reasonable price** [ríːznəbl]
116	**get a membership discount** [mémbərʃìp] [dískaʊnt] ◀アク
117	**a price tag**
118	**wrap the gifts separately** [rǽp] ◀発音 [sépərətli] ◀アク
119	**a checkout counter** [tʃékàʊt] [káʊntər]
120	**a ten-dollar bill** [dɑ́ːlər] ◀発音

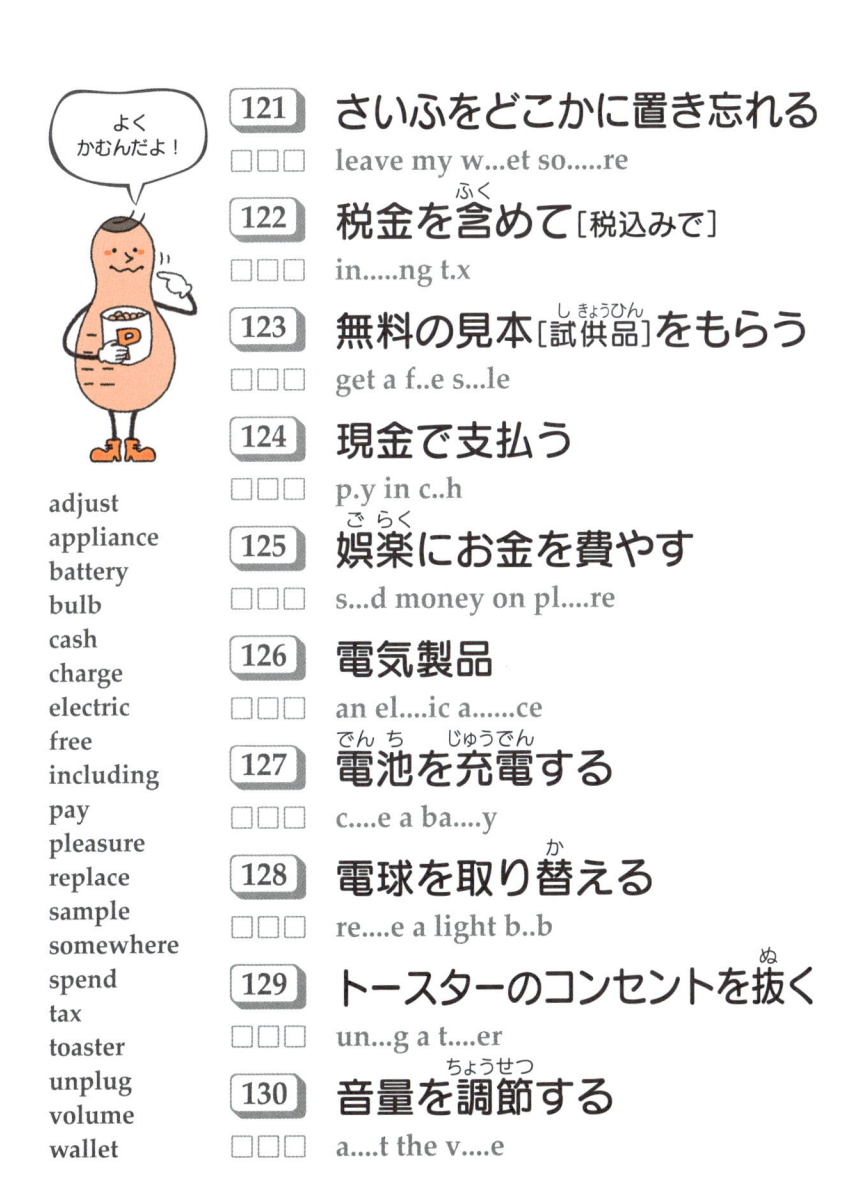

121	さいふをどこかに置き忘れる	leave my w...et so.....re
122	税金を含めて [税込みで]	in.....ng t.x
123	無料の見本 [試供品] をもらう	get a f..e s...le
124	現金で支払う	p.y in c..h
125	娯楽にお金を費やす	s...d money on pl....re
126	電気製品	an el....ic a......ce
127	電池を充電する	c....e a ba....y
128	電球を取り替える	re....e a light b..b
129	トースターのコンセントを抜く	un...g a t....er
130	音量を調節する	a....t the v....e

adjust
appliance
battery
bulb
cash
charge
electric
free
including
pay
pleasure
replace
sample
somewhere
spend
tax
toaster
unplug
volume
wallet

よくかむんだよ！

CD 8

121 **leave my wallet somewhere**
[wá:lət]   [sʌ́mwèər]

122 **including tax**
[ɪnklúːdɪŋ]   [tǽks]

123 **get a free sample**
[sǽmpl]

124 **pay in cash**
[péɪ]

125 **spend money on pleasure**
[pléʒər] ◀発音

126 **an electric appliance**
[ɪléktrɪk]◀アク [əpláɪəns] ◀発音◀アク

127 **charge a battery**
[tʃáːrdʒ]   [bǽtəri]

128 **replace a light bulb**
[rɪpléɪs]   [bʌ́lb] ◀発音

129 **unplug a toaster**
[ʌnplʌ́g]   [tóʊstər]

130 **adjust the volume**
[ədʒʌ́st] ◀発音   [vá:ljəm] ◀アク

英語 English

<small>そろそろここらでまとめ食い</small>

131	電話を取り付ける
□□□	i....ll a telephone

132	エアコンの効(き)いた部屋
□□□	an a.r-co.......ed room

133	犬にえさをやる
□□□	f..d a dog

134	ほえている犬
□□□	a b...ing dog

135	犬の首輪
□□□	a dog c....r

136	はぐれた[野良(のら)]犬
□□□	a s...y dog

137	水槽(すいそう)の中の熱帯魚(ねったいぎょ)
□□□	a tr.....l fish in a t..k

138	家庭の雑事(ざつじ)
□□□	ho.....ld c...es

139	隣人(りんじん)にあいさつする
□□□	g...t a ne....or

140	招待(しょうたい)を受け入れる
□□□	ac...t an in......on

accept
air-condition
bark
chore
collar
feed
greet
household
install
invitation
neighbor
stray
tank
tropical

131 install a telephone
[ɪnstɔ́:l]

132 an air-conditioned room
[éər-kəndíʃənd]

133 feed a dog
[fí:d]

134 a barking dog
[bá:rkɪŋ]

135 a dog collar
[ká:lər] ◀発音

136 a stray dog
[stréɪ]

137 a tropical fish in a tank
[trá:pɪkl]

138 household chores
[háʊshòʊld] ◀アク   [tʃɔ́:rz] ◀発音

139 greet a neighbor
[grí:t]   [néɪbər] ◀発音

140 accept an invitation
[əksépt] ◀発音   [ìnvətéɪʃən]

1つが2つ、2つが4つの倍々でいこう！

141	陽気な性格
	a ch....ul ch.....er

142	保守的な人格
	a co......ive pe.......ty

143	礼儀正しい態度
	a p....e a.....de

144	無作法な行為
	r..e be....or

145	国民の祝日
	a n.....al h.....y

146	記念日を祝う
	ce.....te an an.......ry

147	彼の昇進を祝福する
	co........te him on his pr.....on

148	招待客を歓迎する
	w.....e a g...t

149	彼の送別会
	a fa....ll party for him

150	歓迎会の準備をする
	p....re for a re.....on

anniversary
attitude
behavior
celebrate
character
cheerful
congratulate
conservative
farewell
guest
holiday
national
personality
polite
prepare
promotion
reception
rude
welcome

141 a cheerful character
[tʃíərfl] [kǽrəktər]

142 a conservative personality
[kənsə́ːrvətɪv] ◀アク [pə̀ːrsənǽləti] ◀アク

143 a polite attitude
[pəláɪt] ◀アク [ǽtətjùːd] ◀アク

144 rude behavior
[rúːd] [bɪhéɪvjər] ◀発音

145 a national holiday
[nǽʃnl] ◀アク

146 celebrate an anniversary
[séləbrèɪt] ◀アク [æ̀nəvə́ːrsəri] ◀アク

147 congratulate him on his promotion
[kəngrǽdʒəlèɪt] ◀アク [prəmóʊʃən]

148 welcome a guest
[gést] ◀発音

149 a farewell party for him
[fèərwél]

150 prepare for a reception
[prɪpéər] [rɪsépʃən]

英語 / English

単語集は気休めで持つものではない！

| 151 | 楽しい雰囲気（ふんいき） |
| a pl....nt a....phere |

| 152 | 人間関係 |
| h...n re.........ps |

| 153 | 好ましい印象を与える |
| make a fa.....le im......on |

| 154 | 信頼と友情 |
| t...t and fri......p |

| 155 | 結婚相談 |
| m.....ge co......ng |

| 156 | 未婚（みこん）のままである |
| r...in s...le |

| 157 | 彼の求婚（きゅうこん）を断（ことわ）る |
| r....t his pr....al |

| 158 | 花嫁（はなよめ）と花婿（はなむこ） |
| a b...e and her g...m |

| 159 | 結婚披露宴（ひろうえん） |
| a we....g re.....on |

| 160 | 高い生活水準 |
| high st....rd of l...ng |

atmosphere
bride
counseling
favorable
friendship
groom
human
impression
living
marriage
pleasant
proposal
reception
reject
relationship
remain
single
standard
trust
wedding

151	**a pleasant atmosphere** [pléznt] ◀発音 [ǽtməsfìər] ◀アク
152	**human relationships** [hjúːmən] [rɪléɪʃənʃìps]
153	**make a favorable impression** [féɪvərəbl] ◀アク [ɪmpréʃən] ◀アク
154	**trust and friendship** [trʌ́st] [fréndʃìp]
155	**marriage counseling** [mǽrɪdʒ] [káʊnslɪŋ]
156	**remain single** [rɪméɪn]
157	**reject his proposal** [rɪdʒékt] [prəpóʊzl]
158	**a bride and her groom** [bráɪd] [grúːm]
159	**a wedding reception** [wédɪŋ] [rɪsépʃən]
160	**high standard of living** [stǽndərd] ◀アク [lívɪŋ]

英語
English

毎日楽しくつかうものです

161	平均的な主婦
	an a....ge ho.....fe

162	子どもを育てる
	r...e a child

163	育児用品
	n....ry i...s

164	使い捨てのおむつ
	a di......le d...er

165	家庭のしつけ
	di......ne at home

166	児童虐待（じどうぎゃくたい）
	child a...e

167	孫を甘（あま）やかす
	s...l a gr......ld

168	親に頼（たよ）る
	d...nd on my p....ts

169	妻と別々に暮らす［別居（べっきょ）する］
	live a...t from his w..e

170	家庭内（の）暴力
	do....ic vi....ce

abuse
apart
average
depend
diaper
discipline
disposable
domestic
grandchild
housewife
item
nursery
parent
raise
spoil
violence
wife

CD 10

161 **an average housewife**
[ǽvərɪdʒ] ◀発音 [háuswaɪf] ◀アク

162 **raise a child**
[réɪz] ◀発音

163 **nursery items**
[nə́ːrsəri] [áɪtəmz]

164 **a disposable diaper**
[dɪspóuzəbl] [dáɪpər]

165 **discipline at home**
[dísəplən] ◀アク

166 **child abuse**
[əbjúːs] ◀発音

167 **spoil a grandchild**
[spɔ́ɪl] [grǽndtʃàɪld] ◀アク

168 **depend on my parents**
[dɪpénd] [péərənts]

169 **live apart from his wife**
[əpáːrt] [wáɪf]

170 **domestic violence**
[dəméstɪk] [váɪələns]

英語 / English

寂しいときはお風呂に入ろう

171 葬儀を手配する
ar....e a fu...al

172 ゆりかごから墓場まで［一生］
from the cr...e to the g...e

173 父の財産を相続する
in....t my father's p.....ty

174 遺産を分割する
d....e the in.......ce

175 遠い親戚
a di....t r.....ve

176 甥と姪
my ne...w and n...e

177 お金をかせぐ
e..n money

178 お金を蓄える
s..e money

179 口座を開く
open an a....nt

180 利子の率［金利］
an i.....st r..e

account
arrange
cradle
distant
divide
earn
funeral
grave
inherit
inheritance
interest
nephew
niece
property
rate
relative
save

171	**arrange a funeral**
	[əréɪndʒ] ◀発音　[fjúːnərəl] ◀発音

172	**from the cradle to the grave**
	[kréɪdl] ◀発音　[gréɪv]

173	**inherit my father's property**
	[ɪnhérət] ◀アク　[práːpərti] ◀アク

174	**divide the inheritance**
	[dɪváɪd]　[ɪnhérətns]

175	**a distant relative**
	[dístənt]　[rélətɪv] ◀アク

176	**my nephew and niece**
	[néfjuː] ◀発音　[níːs]

177	**earn money**
	[ə́ːrn]

178	**save money**
	[séɪv]

179	**open an account**
	[əkáʊnt]

180	**an interest rate**
	[íntərəst] ◀アク [réɪt]

英語 / English

眠いときは思い切って寝よう！

181 銀行の事務員［銀行員］
a bank c...k

182 銀行に預金（よきん）する
d....it money in a bank

183 銀行からお金を引き出す
wi....aw money from a bank

184 住宅ローンを返済（へんさい）する
pay off a h....ng l..n

185 家族を養（やしな）う
s....rt my family

186 １年の収入［年収（ねんしゅう）］
my a...al in...e

187 生命保険に入っている
have l..e in.....ce

188 年金だけで暮（く）らす
live on a pe...on a...e

189 ひどく借金している
be h....ly in d..t

190 仕事を探す
h..t for a job

alone
annual
clerk
debt
deposit
heavily
housing
hunt
income
insurance
life
loan
pension
support
withdraw

🔘 CD 11

181 **a bank clerk**
[klə́ːrk]

182 **deposit money in a bank**
[dɪpɑ́ːzət] ◀アク

183 **withdraw money from a bank**
[wɪðdrɔ́ː] ◀発音

184 **pay off a housing loan**
[háuzɪŋ] ◀発音 [lóun]

185 **support my family**
[səpɔ́ːrt]

186 **my annual income**
[ǽnjuəl]◀アク [ínkʌm] ◀アク

187 **have life insurance**
[ɪnʃúərəns] ◀アク

188 **live on a pension alone**
[pénʃən] [əlóun]

189 **be heavily in debt**
[hévəli] [dét] ◀発音

190 **hunt for a job**
[hʌ́nt]

英語 English

191	給料のいい仕事を探す
	s..k a w..l-p..d job

192	求人広告
	a w..t .d

193	履歴書(りれきしょ)を送る
	send in my r....é

194	学業の背景(はいけい)[学歴]
	my ac....ic ba......nd

195	年齢制限を越える
	e...ed the a.e l...t

196	就職面接を受ける
	have a job in.....ew

197	彼の過去の経歴(けいれき)
	his p..t ca...r

198	常勤(じょうきん)の[正]社員
	a f..l-t..e w...er

199	非常勤で[アルバイトで]働く
	work p..t-t..e

200	１時間ごとの賃金(ちんぎん)[時給]
	my h...ly w..e

まわりが暗くても心は青空

academic
ad
age
background
career
exceed
full-time
hourly
interview
limit
part-time
past
résumé
seek
wage
want
well-paid
worker

191	**seek a well-paid job**
	[síːk] [wèlpéid]

192	**a want ad**
	[ǽd]

193	**send in my résumé**
	[rézəmèɪ] ◀発音

194	**my academic background**
	[æ̀kədémɪk] ◀アク [bǽkgràʊnd] ◀アク

195	**exceed the age limit**
	[ɪksíːd] [éɪdʒ] [límət] ◀アク

196	**have a job interview**
	[íntərvjùː] ◀アク

197	**his past career**
	[kəríər] ◀アク

| 198 | **a full-time worker** |

| 199 | **work part-time** |

200	**my hourly wage**
	[áʊərli] ◀発音 [wéɪdʒ]

100個 一気食いへの挑戦！

	挑戦日	所要時間	正答数
1	年　月　日	分　　秒	/100
2	年　月　日	分　　秒	/100
3	年　月　日	分　　秒	/100
4	年　月　日	分　　秒	/100
5	年　月　日	分　　秒	/100
6	年　月　日	分　　秒	/100
7	年　月　日	分　　秒	/100
8	年　月　日	分　　秒	/100
9	年　月　日	分　　秒	/100
10	年　月　日	分　　秒	/100

繰り返しは無限の喜びである

英単語つれづれ草

3. 多いにこしたことはない！ いろいろやってみればいい！

「どうやったら単語がすぐに覚えられますか？」という質問をよく受ける。厳しいことを言うようだが，その人がその質問をしているマインドセットこそが，その人が単語を覚えられない最大の理由だ。

質問者の期待に反して，単語を暗記するための単純な解決策はない。「例文の中で覚える」「記憶の薄いところを集中して攻める」「短期サイクルと長期サイクルを繰り返して記憶を定着させる」「手帳やスマートフォンに出会った単語をメモする」「英文の中で出てきた知らない単語をチェックする」「語源や接尾辞・接頭辞を使って覚える」「声に出して日本語から英語に変えながら読む」「その逆もやる」「書きながら覚える」「身振り手振りをつけてイメージで単語をつかむ」「和英辞典や英和辞典をまめに引く」「英英辞典の定義でイメージをつかむ」「日本語のカタカナ語の発音を直しながら覚える」。僕はこれらを全部やってきたし，今でもやっている。この「ピー単」は，そのようなたくさんある努力のなかの，あくまでも「ひとつの」効率的方法である。

もう一つの良くある質問は「この単語集をやれば足りますか。」という質問である。単語集のコラムでこんな事を書くことは，「ピー単」の読者にしか許されないと思うが，このような人は単語集に淡い期待を寄せすぎている。単語集一冊で語彙修得の問題が解決するほど，語学の世界は甘くない。単語を習得するというのは，ありとあらゆる手段で知識をインストールし，それを有機化するという長期に及ぶ大事業なのだから。

この「ピー単ベーシック」は，たぶん英語を使う限り一生続いていく，その大事業の序章なのである。

4.「ラク」と「タノシイ」は違うのだ！

「楽」という漢字には，ふたつの意味がある。ひとつは「努力をしないで」という意味だ。そして，もう一つは「わくわくするやり方で」という意味だ。語学学習では，前者は失敗に通じ，後者は成功に通じる。

いうまでもなく，語学とは何年にもわたる大事業だ。1年やそこらで外国語ができるようになるなどといううまい話は，怪しい宣伝文句の中にしかない。

さて，韓国語で「勉強する」は「공부하다（コンブハダ）」だ。これは漢字語をそのまま日本語にすると「工夫（くふう）する」という意味になる。僕は，語学の勉強を長続きさせるには，努力をしながらも，わくわくする工夫をたくさんすべきだと思っている。いくら語学学習の中心は反復（はんぷく）と刷（す）り込みだとしても，まったく遊びがないのでは継続はつらい。

うまく工夫すれば，自分自身に努力を努力と思わせない方法はたくさんある。特に多聴（たちょう）と多読（たどく）の分野ではいくらでも勉強を楽しくする工夫ができる。

僕は，多聴や多読の練習用には，とことん楽しい教材を選ぶようにしている。僕が多聴の練習に使っているのは，アメリカのドラマと日本アニメのアメリカ版である。日本のテレビを見るかわりにいつもそれらをつけっぱなしにして楽しんでいる。言葉が英語なので，はたから見ると勉強しているように見えるかもしれないが，本人には勉強している気持ちはこれっぽっちもない。遊んでいるだけだ。

また，多読の教材には，B級の小説や日本のマンガのアメリカ版を使っている。これらならどんなに疲れていても，なんとか楽しむことができる。

多聴・多読以外にも，洋楽カラオケを使って精聴や発音の訓練をするのもまた楽しい。あなたが男性であれば，少々エッチな小説で精読すれば，なぜか時間を忘れて辞書を引きまくるだろう。また，自分の大好きなスターの記事を追いかけるのもいいだろう。
　語学の勉強はラクなものではないが，タノシクすることはいくらでもできるのだ。
　でも，本当に語学で伸びる人は，「ピー単」のような反復練習にも快感を覚える人も多いんだけどね。

英語 English

人体

迷ったら、力がでなくなっちゃうよ

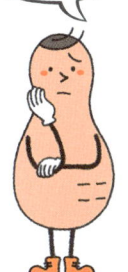

201	健康を維持する
□□□	ma....in my h...th

202	適度の運動をする
□□□	get mo....te e.....se

203	肉体的な強さ［体力］
□□□	ph....al st....th

204	体重が増える
□□□	g..n w....t

205	喫煙を禁止する
□□□	pr....it s....ng

206	たばこの吸い殻
□□□	a ci.....te b..t

207	定期（的な）検診を受ける
□□□	have a re...ar ch....p

208	健康保険証
□□□	a h...th in.....ce card

209	私の血液型
□□□	my b...d t..e

210	うたた寝［昼寝］をする
□□□	take a n.p

blood
butt
checkup
cigarette
exercise
gain
health
insurance
maintain
moderate
nap
physical
prohibit
regular
smoking
strength
type
weight

201 maintain my health
[meɪntéɪn] ◀アク [hélθ]

202 get moderate exercise
[má:dərət] ◀発音 [éksərsàɪz] ◀アク

203 physical strength
[fízɪkl] ◀発音 [stréŋkθ]

204 gain weight
[géɪn] [wéɪt] ◀発音

205 prohibit smoking
[prouhíbət] ◀アク [smóukɪŋ] ◀発音

206 a cigarette butt
[sígərèt] ◀アク [bʌ́t] ◀発音

207 have a regular checkup
[réɡjələr] ◀アク [tʃékʌ̀p]

208 a health insurance card
[ɪnʃúərəns]

209 my blood type
[blʌ́d] ◀発音 [táɪp] ◀発音

210 take a nap
[nǽp]

英語 English

211	歯をこすり合わせる [歯ぎしりする]
	g...d my t...h

212	睡眠薬(すいみんやく)
	a sl....ng p..l

213	目覚まし時計をセットする
	s.t an a...m clock

214	魅力的(みりょくてき)な外見(がいけん)
	an at......ve ap......ce

215	美容(びよう)(整形(せいけい))手術
	co....ic s....ry

216	姿(すがた)[プロポーション]がいい
	have a good fi...e

217	ほっそりした体
	a s..m b..y

218	ほっそりした腰
	a s....er w...t

219	白(はだ)い肌
	a f..r s..n

220	幅(はば)の広い胸
	a b...d c..st

やはり、調子をだすにはピー単音頭！

alarm
appearance
attractive
body
broad
chest
cosmetic
fair
figure
grind
pill
set
skin
sleeping
slender
slim
surgery
teeth
waist

211	**grind my teeth**
	[gráɪnd] ◀発音　[tíːθ]

212	**a sleeping pill**
	[píl]

213	**set an alarm clock**
	[əláːrm] ◀アク

214	**an attractive appearance**
	[ətræktɪv] ◀アク　[əpíərəns] ◀アク

215	**cosmetic surgery**
	[kɑːzmétɪk]　[sə́ːrdʒəri]

216	**have a good figure**
	[fígjər]

217	**a slim body**
	[slím]

218	**a slender waist**
	[sléndər]　[wéɪst] ◀発音

219	**a fair skin**
	[féər] ◀発音

220	**a broad chest**
	[brɔ́ːd]◀発音 [tʃést]

「最小の努力で最大の結果」なんてインチキね

221	化粧をやり直す
	r..o my m...up

222	過度のダイエットを行う
	go on an ex......e d..t

223	散髪の予約
	a ha....t ap........t

224	髪を黒く染める
	d.e my hair black

225	はげた頭
	a b..d head

226	ひげを整える
	t..m my b...d

227	とがった鼻
	a p....ed n..e

228	歯を（ブラシで）磨く
	b...h my t...h

229	口をすすぎうがいをする
	r...e my m...h and g...le

230	少し（の）熱がある
	have a s....t f...r

appointment
bald
beard
brush
diet
dye
excessive
fever
gargle
haircut
makeup
mouth
nose
pointed
redo
rinse
slight
teeth
trim

CD 13

221 redo my makeup
[rìːdúː] [méɪkʌ̀p]

222 go on an excessive diet
[ɪksésɪv] ◀アク [dáɪət]

223 a haircut appointment
[héərkʌ̀t] ◀アク [əpɔ́ɪntmənt] ◀アク

224 dye my hair black
[dáɪ] ◀発音

225 a bald head
[bɔ́ːld] ◀発音

226 trim my beard
[trím] [bíərd] ◀発音

227 a pointed nose
[pɔ́ɪntɪd] [nóʊz]

228 brush my teeth
[brʌ́ʃ] [tíːθ]

229 rinse my mouth and gargle
[ríns] [máʊθ] [gáːrgl]

230 have a slight fever
[sláɪt] [fíːvər] ◀発音

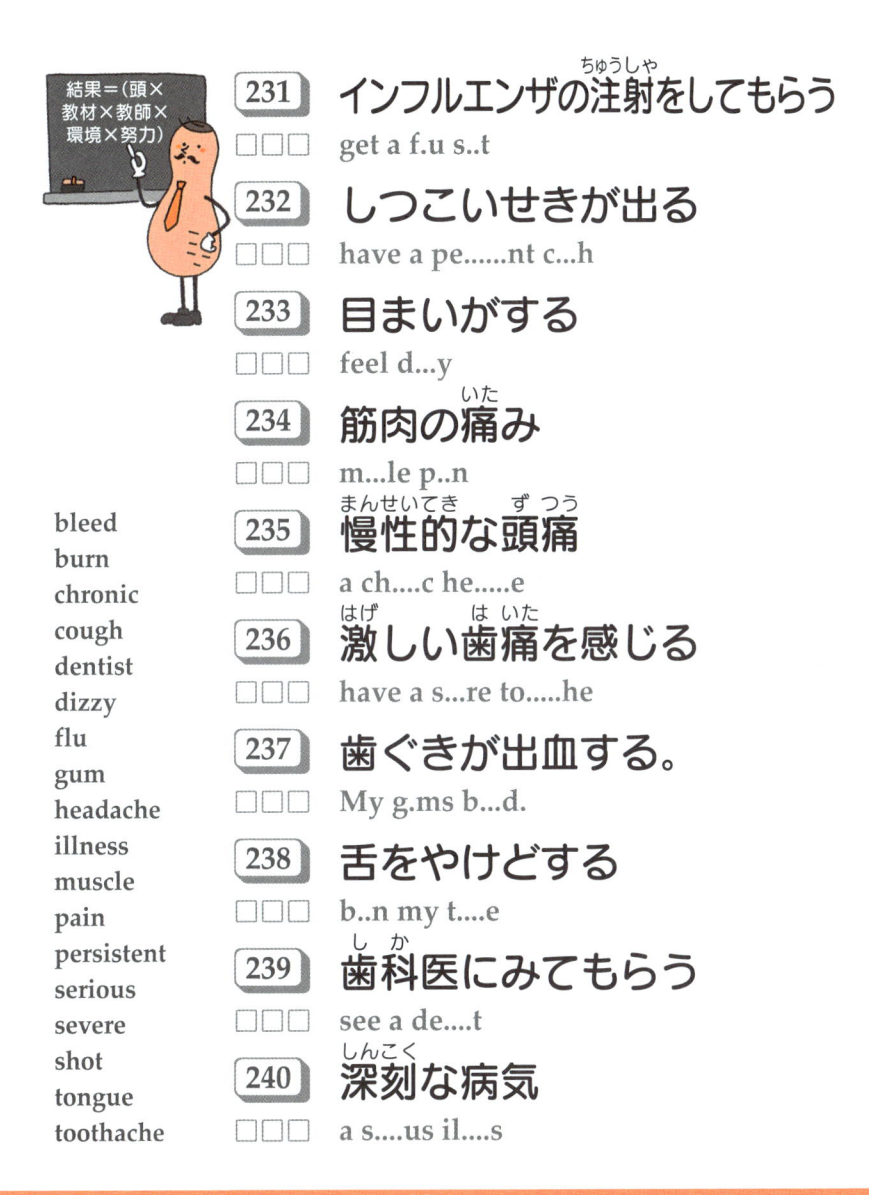

231	インフルエンザの注射をしてもらう	get a f.u s..t
232	しつこいせきが出る	have a pe......nt c...h
233	目まいがする	feel d...y
234	筋肉の痛み	m...le p..n
235	慢性的な頭痛	a ch....c he.....e
236	激しい歯痛を感じる	have a s...re to.....he
237	歯ぐきが出血する。	My g.ms b...d.
238	舌をやけどする	b..n my t....e
239	歯科医にみてもらう	see a de....t
240	深刻な病気	a s....us il....s

bleed
burn
chronic
cough
dentist
dizzy
flu
gum
headache
illness
muscle
pain
persistent
serious
severe
shot
tongue
toothache

231	**get a flu shot** [flúː] [ʃáːt]
232	**have a persistent cough** [pərsístənt] ◀アク [kɔ́(ː)f] ◀発音
233	**feel dizzy** [dízi]
234	**muscle pain** [mʌ́sl] ◀発音 [péɪn]
235	**a chronic headache** [kráːnɪk] [hédèɪk] ◀発音◀アク
236	**have a severe toothache** [sɪvíər] ◀発音 [túːθèɪk]
237	**My gums bleed.** [gʌ́mz] [blíːd]
238	**burn my tongue** [bə́ːrn] [tʌ́ŋ] ◀発音
239	**see a dentist** [déntəst]
240	**a serious illness** [síəriəs] ◀発音 [ílnəs]

英語 / English

努力の変数を最小にしてみよう

avoid
blood
cancer
care
condition
critical
depression
disease
medical
mental
patient
pressure
relieve
stomach
stress
suffer
surgery
terminal
treatment
unconscious

241	精神的な病気
	a m....l d.....e

242	高血圧(こうけつあつ)
	high b...d p.....re

243	胃ガンになる
	get s....ch c...er

244	うつ病で苦しむ
	s...er from de.....ion

245	ストレスを緩和(かんわ)する
	r.....e st...s

246	意識不明の患者(かんじゃ)
	an unc.....ous pa...nt

247	危険な[危篤(きとく)の]状態だ
	in cr....al co.....on

248	医学的な治療(ちりょう)
	m....al tr.....nt

249	末期医療(まっきいりょう)
	te....al c..e

250	外科手術(げかしゅじゅつ)を避(さ)ける
	a...d su....y

CD 14

241 a mental disease
[méntl]　[dizí:z] ◀発音

242 high blood pressure
　　　[blʌ́d]◀発音 [préʃər]

243 get stomach cancer
　　　[stʌ́mək] ◀発音 [kǽnsər]

244 suffer from depression
　　　[sʌ́fər] ◀アク　[dipréʃən]

245 relieve stress
[rilí:v]　[strés]

246 an unconscious patient
　　　[ʌnká:nʃəs] ◀アク　[péiʃənt] ◀発音

247 in critical condition
　　　[krítikl]　[kəndíʃən]

248 medical treatment
　　　[médikl] ◀アク [trí:tmənt]

249 terminal care
　　　[tə́:rmənl]　[kéər]

250 avoid surgery
　　　[əvɔ́id]◀アク[sə́:rdʒəri]

結果が最大になんてなりっこない

251	薬局で薬をもらう
	get me.....e at the ph....cy
252	即時の効果[即効性]がある
	have an im.....te e....t
253	集中治療
	in.....ve c..e
254	脳死
	b...n d...h
255	臓器移植
	an o...n tr......nt
256	足首をねんざする
	s....n my a...e
257	手首をひねる
	t...t my w...t
258	親指をドアではさむ
	p...h my t...b in the door
259	致命的な傷
	a f...l w...d
260	救急車を呼ぶ
	call an a......ce

ambulance
ankle
brain
care
death
effect
fatal
immediate
intensive
medicine
organ
pharmacy
pinch
sprain
thumb
transplant
twist
wound
wrist

| 251 | **get medicine at the pharmacy** [médəsn] ◀アク [fáːrməsi] |

| 252 | **have an immediate effect** [ɪmíːdiət] ◀発音 [ɪfékt] ◀アク |

| 253 | **intensive care** [ɪnténsɪv] ◀アク [kéər] |

| 254 | **brain death** [bréɪn] [déθ] ◀発音 |

| 255 | **an organ transplant** [ɔ́ːrgən] [trǽnsplænt] ◀アク |

| 256 | **sprain my ankle** [spréɪn] [ǽŋkl] ◀発音 |

| 257 | **twist my wrist** [twíst] [ríst] ◀発音 |

| 258 | **pinch my thumb in the door** [píntʃ] [θʌ́m] ◀発音 |

| 259 | **a fatal wound** [féɪtl]◀発音 [wúːnd] ◀発音 |

| 260 | **call an ambulance** [ǽmbjələns] ◀アク |

お互い、努力はしましょうね

261	のどの手術を受ける
	have a t....t op.....on

262	肺のレントゲン写真を撮ってもらう
	have my l..gs X-r..ed

263	けがから回復する
	re....r from an in...y

264	素早い動作
	a q...k mo....nt

265	拒絶の身ぶり
	a g....re of re....l

266	手を上げる
	r...e my hand

267	手を振る
	w..e my hand

268	ハンドバッグを盗まれる
	have my p...e st...n

269	頬をなでる
	st...e my c...ks

270	目をこする
	r.b my eyes

cheek
gesture
injury
lung
movement
operation
purse
quick
raise
recover
refusal
rub
stolen
stroke
throat
wave
X-ray

英語
English

261	**have a throat operation** [θróut] ◀発音 [ɑ̀:pəréɪʃən] ◀アク
262	**have my lungs X-rayed** [lʌ́ŋz] ◀発音 [éksrèɪd]
263	**recover from an injury** [rɪkʌ́vər] [índʒəri] ◀アク
264	**a quick movement** [kwík] [mú:vmənt]
265	**a gesture of refusal** [dʒéstʃər] ◀発音 [rɪfjú:zl] ◀アク
266	**raise my hand** [réɪz] ◀発音
267	**wave my hand** [wéɪv]
268	**have my purse stolen** [pə́:rs] [stóulən]
269	**stroke my cheeks** [stróuk] [tʃí:ks]
270	**rub my eyes** [rʌ́b] ◀発音

努力するなら
ピー単！
これ正解！

271	ラケットを握(にぎ)る
☐☐☐	g..p a ra...t

272	私のえりをつかむ
☐☐☐	g..b my co...r

273	手の平を広げる
☐☐☐	o..n my p..m

274	旗(はた)を指差す
☐☐☐	p...t at a f..g

275	肩をすくめる
☐☐☐	s...g my sh....ers

276	背中を伸(の)ばしなさい。
☐☐☐	St.....ten your b..k.

277	足を伸ばす
☐☐☐	st....h my legs

278	頭をかく
☐☐☐	sc...ch my head

279	ドアの枠(わく)に頭をぶつける
☐☐☐	h.t my head against a d......me

280	指で[を折(お)って]数える
☐☐☐	c...t on my fi...rs

back
collar
count
doorframe
finger
flag
grab
grip
hit
open
palm
point
racket
scratch
shoulder
shrug
straighten
stretch

271	**grip a racket** [gríp] [rǽkət] ◀アク
272	**grab my collar** [grǽb] [káːlər] ◀発音
273	**open my palm** [páːm] ◀発音
274	**point at a flag** [flǽg]
275	**shrug my shoulders** [ʃrʌ́g] [ʃóuldərz] ◀発音
276	**Straighten your back.** [stréɪtn] ◀発音
277	**stretch my legs** [strétʃ]
278	**scratch my head** [skrǽtʃ]
279	**hit my head against a doorframe** [dɔ́ːrfrèɪm]
280	**count on my fingers** [káunt] [fíŋgərz] ◀発音

英語 / English

音読というのは絶対に効果がある

| 281 | 枕を投げる |
| | t...w a pi...w |

| 282 | タオルを軽く投げる |
| | t..s a t...l |

| 283 | コインをはじく |
| | f..p a c..n |

| 284 | ボールを蹴る |
| | k..k a ball |

| 285 | 石につまづいて転ぶ |
| | t..p over a s...e |

| 286 | 裸の足[素足]で |
| | with b..e feet |

| 287 | へいにもたれる |
| | l..n against a f...e |

| 288 | ていねいなおじぎをする |
| | make a p....e b.w |

| 289 | 深い呼吸[深呼吸]をする |
| | take a d..p br...h |

| 290 | 唇をなめる |
| | l..k my l.ps |

bare
bow
breath
coin
deep
fence
flip
kick
lean
lick
lip
pillow
polite
stone
throw
toss
towel
trip

CD 16

281 **throw a pillow**
[θróu] [pílou]

282 **toss a towel**
[tɔ́(:)s] [táuəl] ◀発音

283 **flip a coin**
[flíp]

284 **kick a ball**

285 **trip over a stone**

286 **with bare feet**
[béər] ◀発音

287 **lean against a fence**
[líːn]

288 **make a polite bow**
[pəláɪt] [báu] ◀発音

289 **take a deep breath**
[díːp] [bréθ]

290 **lick my lips**

英語 English

| 何度も音読してみよう! |

| 291 | 錠剤(じょうざい)を飲み込む |
| sw....w a p..l |

| 292 | 大きな声で話す |
| speak in a l..d v...e |

| 293 | 爪(つめ)をかむ |
| b..e my n..ls |

| 294 | ひざを曲(ま)げる |
| b..d my k..es |

| 295 | シートベルトを締(し)める |
| f...en my seat b..t |

| 296 | ネクタイを緩(ゆる)める |
| lo...n my t.e |

| 297 | もつれたひも |
| a t....ed st...g |

| 298 | ビラを貼(は)る |
| s...k up a b..l |

| 299 | 手紙の束(たば)を燃(も)やす |
| b..n a b....e of letters |

| 300 | 段ボール箱をつぶす |
| c...h a ca.....rd box |

belt
bend
bill
bite
bundle
burn
cardboard
crush
fasten
knee
loosen
loud
nail
pill
stick
string
swallow
tangled
tie
voice

291	**swallow a pill** [swá:loʊ]
292	**speak in a loud voice** [láʊd] ◀発音
293	**bite my nails** [báɪt] [néɪlz]
294	**bend my knees** [bénd] [níːz] ◀発音
295	**fasten my seat belt** [fǽsn] ◀発音
296	**loosen my tie** [lúːsn] ◀発音 [táɪ] ◀発音
297	**a tangled string** [tǽŋɡld] [stríŋ]
298	**stick up a bill**
299	**burn a bundle of letters** [bə́ːrn] [bʌ́ndl]
300	**crush a cardboard box** [krʌ́ʃ] [káːrdbɔ̀ːrd] ◀アク

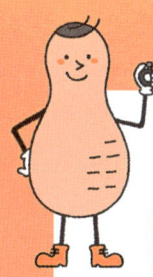

100個 一気食いへの挑戦！

挑戦日	所要時間	正答数
1 年 月 日	分 秒	/100
2 年 月 日	分 秒	/100
3 年 月 日	分 秒	/100
4 年 月 日	分 秒	/100
5 年 月 日	分 秒	/100
6 年 月 日	分 秒	/100
7 年 月 日	分 秒	/100
8 年 月 日	分 秒	/100
9 年 月 日	分 秒	/100
10 年 月 日	分 秒	/100

繰り返しは無限の喜びである

英単語つれづれ草

5. 英文を「読むこと」「訳すこと」

　英語学習の初級レベルでは、「英語を読むこと」イコール「英語を日本語に訳すこと」という勘違いをしている人が多い。しかしながら、英語が堪能な人は、ある程度のレベルの英文までは、読む際に日本語を介在させていないのだ。

　僕自身も、新聞や小説を読むときや、資格試験を解いている時には、日本語に訳しながら読んでいるわけではない。レベルの高い英文を読んでいるときに、「あれっ、これはどういうことかな？」と考えるときに、日本語が出てきて補助的に日本語を使う程度だ。

　音読を習慣化すると言うことは、いちいち英文を日本語に訳しながら理解するという悪癖をなくす訓練になる。また、修飾部分から訳しあげるという、いかにも日本式の返り読みを阻止することもできる。いわいる「直読直解」を可能にするわけだ。

　この「直読直解」は、時間の余裕を与えないリスニングやスピーキングにおいては、絶対条件である。聞きながら、日本語に直すなどという離れ業は、何年間もの特別な訓練を受けた同時通訳者たちだけに可能な、特殊な技術であり、普通の人間にできる芸当ではない。もちろん、僕もできない。僕は同時通訳という仕事をしているわけではないし、聞いてわかるだけでよいならば、日本語に直す必要はないからだ。

　もちろん、僕も肩書き上は「通訳」ではあるが、僕には同時通訳はできない。僕は専門的でない英語の逐次通訳ができるだけだ。僕が通訳をする場合は、まず英語をきいて、その意味を直読直解する。もちろん、仕事や生活、資格試験ではそれだけで、こと足りる。しかし、通訳となるとそうはいかないわけだ。待っているお客さんの

ために，そうやって理解した概念を日本語に変えなければならないわけだから。つまり，日本語に直すというのは，お客様のためにやるオプションなのだ。

　もちろん，現実問題として，学習の場では，時には日本語に訳して意味を確認したり，英語を日本語に変換したりする作業や練習はある程度必要である。（英・日が反対だけれど，このピーナツもそうだね。）それはあくまでも，確信犯的に行う確認作業であることを心にとめておかねばならない。また，概念が高度すぎて母語による思考力を借りなければならないような場合も例外である。

　そのようなことを理解した上で，英語の読解の訓練では，音読による直読直解の訓練をメインに置くべきなのである。

英単語つれづれ草

6. 英文法とうまく付きあえ！

　ある程度の英文法が大切なのは言うまでもない。楽譜がわからないでピアノが弾けないのと同じで，英語の語順のルールを知らずに，第二言語ができるようになるはずはない。その点，母語の習得と第二言語の習得は，大きく違っている。

　よくある，デタラメなキャッチフレーズは「英文法を勉強すると英語ができなくなる！」の類いである。成功した人が，幻の生物といってもいいほど少ない日本の英語学習の世界では，こんなデタラメでもまかり通るのだ。とにかく，消費者の怠け心につけ込めば，商品は売れる。ダイエット産業と同じである。だから，英文法を完全に省くという甘い誘惑にひっかかってはならない。

　しかしだ，英文法ばかり極めれば英語ができるようになるわけでもない。英文法の大家と言われる大先生が，英語を全然話せないという笑い話もよく耳にするわけで…。

　英文法は，まずは高校初級までの基礎的なものをザーッとマスターしておけばいい。それ以上に大切なことは言語学習には，山ほどあるのだから。なのに，英語を話す必要性が感じられない日本では，理論英文法にはまってしまう人が多いのだ。どうも，日本人はピアノをひくことより，楽譜を分析することに興味があるようだ。

　「avoidの目的語には，動名詞がくる。不定詞はこない。」どうしてそうなるかなんて，僕も知らない。アメリカ人やイギリス人の英語教師も知らない。そんなもんだと覚えておいて，後は音読でこれを反射神経に変えればよいのだ。なのに，それを，どうして，どうしてと追求するのがエライと思っている人がけっこう多い。10年くらい勉強して，英語がある程度話せるようなってから，気にすれ

ばいいような，細かいニュアンスの違いを学ぶのもエライらしい。
　そういう理論を日本語でアツく語る割には英語が話せないというのもよくある話だ。
　もちろん，世の中には，英文法規則やその生成過程を研究する学者は必要だし，その飽くなき探求には敬意を表したい。しかし，万人がそうなる必要はないだろう。英語教育の主目的は，研究者を育てることではなく，英語が使える人を，たくさん生み出すことなのだから。
　特に，今の大学受験の英語教育の多くは，例えるなら，筋肉や関節の働きや競技の歴史を本で研究するばかりで，練習をしない運動部，実技の時間がなく，車の構造についてばかり教えている自動車学校と同じになっている。道に出てたくさん練習することを重視しないと，このままでは，日本人は海外で事故ばかり起こしてしまうことになるよ。

7. 英語は机で勉強するな！

「英語は机で勉強するな！」僕はこのスローガンを掲げて，音読訓練教育の普及活動をしている。そんなタイトルの本まで出したことがある。そこまで，このスローガンにこだわる理由は，特に高校生の勉強スタイルが，机にへばりついた音声を無視したものに陥っているからだ。

別に僕は，全く机で勉強するなと言っているわけではない。机で勉強する時間と，音声を使って勉強する時間を少なくとも半々にしろといっているわけだ。高校生たちは英語の勉強といえば，大量のプリントの束や，何冊もの分厚い文法中心の参考書ばかりを静かな空間でやり始める。

残念ながら，そんなふうにして，相当に努力しているにもかかわらず，英語の成績が全然上がらない人が多いのだ。そして，あの簡単すぎると批判されるセンター試験ですら，たいした点がとれない。

僕はそんな困っている生徒たちに，英語の勉強時間の少なくとも半分は机を離れて，音読訓練をしながら勉強するようにすすめている。そのアドバイスにきちんと従ってくれた生徒たちが，英語が大好きになって，その結果点数が上がったのを，これまでに数え切れないくらい見てきたよ。

「英語は机で勉強するな！」君の机の前にこのスローガンを貼っておいてくれ！

でも，「勉強するな！」ってところだけ拡大解釈しないようにくれぐれも注意だよ。

英語 / English

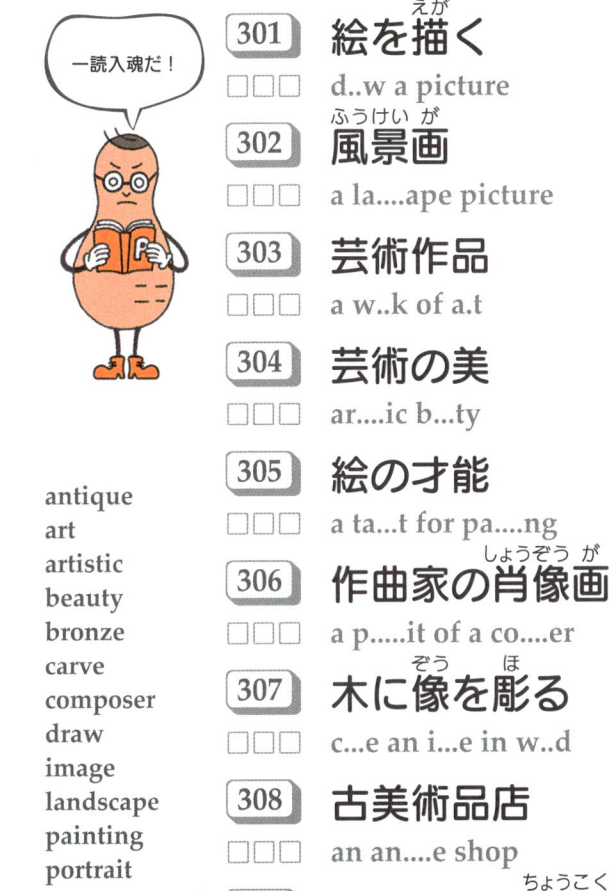

娯楽

301	絵を描く	d..w a picture
302	風景画	a la....ape picture
303	芸術作品	a w..k of a.t
304	芸術の美	ar....ic b...ty
305	絵の才能	a ta...t for pa....ng
306	作曲家の肖像画	a p.....it of a co....er
307	木に像を彫る	c...e an i...e in w..d
308	古美術品店	an an....e shop
309	ブロンズの彫刻	a b....e sc.....re
310	１等賞を勝ち取る	w.n the first p...e

一読入魂だ！

antique
art
artistic
beauty
bronze
carve
composer
draw
image
landscape
painting
portrait
prize
sculpture
talent
win
wood
work

日本語 / Japanese

CD 17

301 draw a picture
[drɔ́ː] ◀発音

302 a landscape picture
[lǽndskèɪp] ◀アク

303 a work of art

304 artistic beauty
[ɑːrtístɪk] [bjúːti]

305 a talent for painting
[tǽlənt] ◀アク   [péɪntɪŋ]

306 a portrait of a composer
[pɔ́ːrtrət] ◀アク   [kəmpóʊzər]

307 carve an image in wood
[kɑ́ːrv]   [ímɪdʒ] ◀発音   [wʊ́d] ◀発音

308 an antique shop
[æntíːk] ◀発音

309 a bronze sculpture
[brɑ́ːnz]   [skʌ́lptʃər] ◀アク

310 win the first prize
[práɪz] ◀発音

英語 / English

棒読みは NGだよ

| 311 | 国立(の)博物館 |
| the N.....al M....m |

| 312 | 美術館で働く学芸員（がくげいいん） |
| a c....or working at a ga...ry |

| 313 | クラシック(の)音楽を鑑賞（かんしょう）する |
| ap......te cl.....al music |

| 314 | ワルツを作曲する |
| co....e a w...z |

| 315 | オーケストラの指揮（しき）をする |
| co....t an o......ra |

| 316 | 生（なま）のコンサート |
| a l..e co....t |

| 317 | 楽器を演奏（えんそう）する |
| play an in......nt |

| 318 | マイクを握（にぎ）る |
| g..b a mi......ne |

| 319 | 映画を封切（ふうぎ）る |
| re....e a movie |

| 320 | アマチュアの映画監督 |
| an a....ur movie di....or |

amateur
appreciate
classical
compose
concert
conduct
curator
director
gallery
grab
instrument
live
microphone
museum
national
orchestra
release
waltz

311	**the National Museum**
☐☐☐	[nǽʃənl]　　　[mju(:)zíːəm] ◀発音 ◀アク

312	**a curator working at a gallery**
☐☐☐	[kjúərertər] ◀発音　　　　　[gǽləri]

313	**appreciate classical music**
☐☐☐	[əpríːʃièrt] ◀アク　[klǽsɪkl] ◀発音

314	**compose a waltz**
☐☐☐	[kəmpóuz]　　　[wɔ́ːlts]

315	**conduct an orchestra**
☐☐☐	[kəndʌ́kt] ◀アク　[ɔ́ːrkəstrə] ◀アク

316	**a live concert**
☐☐☐	[láɪv] ◀発音

317	**play an instrument**
☐☐☐	[ínstrəmənt] ◀アク

318	**grab a microphone**
☐☐☐	[máɪkrəfòun]

319	**release a movie**
☐☐☐	[rɪlíːs]

320	**an amateur movie director**
☐☐☐	[ǽmətʃùər] ◀アク　　　[dəréktər] ◀アク

321	アカデミー賞を取る	get an Academy A...d
322	重要な役を演じる	play a k.y r..e
323	主演の俳優	the le...ng a...r
324	素晴らしい女優	a br.....nt ac...ss
325	印象的な演技	an im......ve pe.......ce
326	野外(の)劇場	an o..n-a.r th....r
327	前列に座る	sit in the f...t r.w
328	手をたたく[拍手する]	c..p my hands
329	映画に感動する	be im.....ed by a movie
330	感動して涙を流す	be m..ed to t...s

actress
actor
award
brilliant
clap
front
key
leading
impress
impressive
move
open-air
performance
role
row
tear
theater

🔘 CD 18

321 get an Academy Award
[əwɔ́ːrd] ◀発音

322 play a key role
[kíː]   [róul]

323 the leading actor
[líːdɪŋ]   [ǽktər]

324 a brilliant actress
[bríljənt]   [ǽktrəs] ◀アク

325 an impressive performance
[ɪmprésɪv] ◀アク   [pərfɔ́ːrməns] ◀アク

326 an open-air theater
[θíːətər] ◀発音

327 sit in the front row
[fránt]◀発音[róu] ◀発音

328 clap my hands
[klǽp]

329 be impressed by a movie
[ɪmprést]

330 be moved to tears
[tíərz] ◀発音

英語 / English

耳からも
やってみよう！

331	娯楽映画
	an en........ent f..m

332	短い休憩時間
	a b...f in........on

333	トイレ休憩を取る
	take a ba.....m b...k

334	中古の本屋［古本屋］
	a u..d bo.....re

335	本の批評［書評］
	a book re...w

336	わくわくする物語
	an ex....ng s...y

337	私のお気に入りの作家
	my fa....te a....r

338	好みの問題
	a m....r of t...e

339	熱烈なファン
	an en........ic f.n

340	週刊の雑誌［週刊誌］を出版する
	pu....h a w...ly ma.....e

author
bathroom
bookstore
break
brief
entertainment
enthusiastic
exciting
fan
favorite
film
intermission
magazine
matter
publish
review
story
taste
used
weekly

331	**an entertainment film** [èntərtéɪnmənt] ◀アク
332	**a brief intermission** [bríːf] [ìntərmíʃən]
333	**take a bathroom break** [bǽθrùːm] ◀アク [bréɪk] ◀発音
334	**a used bookstore** [júːzd] ◀発音
335	**a book review** [rɪvjúː] ◀アク
336	**an exciting story** [ɪksáɪtɪŋ]
337	**my favorite author** [féɪvərət] ◀発音 [ɔ́ːθər] ◀発音
338	**a matter of taste** [mǽtər] [téɪst]
339	**an enthusiastic fan** [ɪnθjùːziǽstɪk] ◀アク [fǽn]
340	**publish a weekly magazine** [pʌ́blɪʃ] ◀アク [wíːkli] [mæ̀gəzíːn]

英語 English

身振り手振りも
つけてみて

341	現在の[最新]号
□□□	the cu....t i...e

342	人気のあるマンガ
□□□	a p....ar c...c

343	イラスト入りの百科事典
□□□	an il.......ed en........ia

344	探偵[推理]小説
□□□	a de.....ve n...l

345	架空(かくう)の怪物
□□□	an im.....ry m....er

346	ギリシャ(の)神話
□□□	a G...k m..h

347	小説の第2巻
□□□	the second v....e of a n...l

348	改訂(かいてい)(された)版
□□□	a re....d v....on

349	余暇(よか)の活動
□□□	a le....e ac....ty

350	外で遊ぶ
□□□	play ou....rs

activity
comic
current
detective
encyclopedia
Greek
illustrated
imaginary
issue
leisure
monster
myth
novel
outdoors
popular
revise
version
volume

341	**the current issue** [kə́:rənt] ◀発音 [íʃu:] ◀発音
342	**a popular comic** [pá:pjələr] [ká:mɪk]
343	**an illustrated encyclopedia** [íləstrèɪtɪd] ◀アク [ɪnsàɪkləpí:diə] ◀アク
344	**a detective novel** [dɪtéktɪv] [ná:vl] ◀発音
345	**an imaginary monster** [ɪmǽdʒənèri] ◀アク
346	**a Greek myth** [grí:k] [míθ] ◀発音
347	**the second volume of a novel** [vá:ljəm] ◀アク
348	**a revised version** [rɪváɪzd] [vɚ́:rʒən]
349	**a leisure activity** [lí:ʒər] ◀発音 [æktívəti] ◀アク
350	**play outdoors** [áʊtdɔ̀:rz]

英語 English

英語を話している気持ちで、なりきって！

351	広大な娯楽場[遊園地]
	a v..t am.....nt park

352	入場料金
	ad.....on ch...e

353	幽霊が出る家[お化け屋敷]に入る
	e...r a ha...ed house

354	花火大会
	a fi.....ks di....y

355	風船が割れた。
	The ba....n b...t.

356	馬に乗る
	r..e a h...e

357	浅い池
	a sh....w p..d

358	ボートをこぐ
	r.w a b..t

359	船酔いする
	get se....k

360	桜の花
	ch...y b.....ms

admission
amusement
balloon
blossom
boat
burst
charge
cherry
display
enter
firework
haunted
horse
pond
ride
row
seasick
shallow
vast

351	**a vast amusement park**
	[væst] [əmjúːzmənt] ◀アク

352	**admission charge**
	[ədmíʃən] ◀アク [tʃáːrdʒ]

353	**enter a haunted house**
	[éntər] [hɔ́ːntɪd] ◀発音

354	**a fireworks display**
	[fáɪərwə̀ːrks] ◀アク

355	**The balloon burst.**
	[bəlúːn] ◀アク [bə́ːrst] ◀発音

356	**ride a horse**
	[ráɪd] [hɔ́ːrs]

357	**a shallow pond**
	[ʃǽlou] [páːnd]

358	**row a boat**
	[róu] ◀発音 [bóut] ◀発音

359	**get seasick**
	[síːsìk] ◀アク

360	**cherry blossoms**
	[tʃéri] [bláːsəmz]

意味を噛みしめながら！

361 一杯に開花している［満開だ］
be in f..l b...m

362 張り出した枝
an ov.......ng br...h

363 落ち(た)葉
fa...n l...es

364 植物の根
p...t r..ts

365 キャンプ用品
ca...ng g..r

366 穴を掘る
d.g a h..e

367 日焼けする
get a t.n

368 紫外(光)線
u.......let r.y

369 木(の)陰で
under the s...e of a tree

370 疲れるハイキング
a t...ng h..e

bloom
branch
camping
dig
fallen
full
gear
hike
hole
leaf
overhanging
plant
ray
root
shade
tan
tiring
ultraviolet

CD 20

361 **be in full bloom**
[blú:m] ◀発音

362 **an overhanging branch**
[òuvərhǽŋɪŋ]　　　[brǽntʃ]

363 **fallen leaves**
[fɔ́:lən]◀発音[líːvz]

364 **plant roots**
[plǽnt]　[rúːts]　◀発音

365 **camping gear**
[kǽmpɪŋ]　　[gíər]　◀発音

366 **dig a hole**
[hóul]　◀発音

367 **get a tan**
[tǽn]

368 **ultraviolet ray**
[ʌ̀ltrəváɪələt]　　[réɪ]　◀発音

369 **under the shade of a tree**
[ʃéɪd]

370 **a tiring hike**
[táɪərɪŋ]◀発音[háɪk] ◀発音

英語
English

言葉に魂をこめて！

371	土手に沿って歩く
□□□	walk a...g a b..k

372	きれいな流れ[清流]
□□□	a c...r st...m

373	毒（のある）ヘビ
□□□	a po.....us s...e

374	釣り竿
□□□	a f....ng r.d

375	山に登る
□□□	c...b a m.....in

376	垂直な崖
□□□	a v.....al c...f

377	頂上に到達する
□□□	r...h the su...t

378	登山用具
□□□	mou........ing eq.....nt

379	遠くの水平線を見る
□□□	see the di....t h....on

380	走者に大声で声援を送る
□□□	ch..r l...ly for a runner

along
bank
cheer
clear
cliff
climb
distant
equipment
fishing
horizon
loudly
mountain
mountaineering
poisonous
reach
rod
snake
stream
summit
vertical

371	**walk along a bank** [əlɔ̀(ː)ŋ]
372	**a clear stream** [stríːm]
373	**a poisonous snake** [pɔ́ɪznəs] [snéɪk]
374	**a fishing rod** [rɑ́ːd] ◀発音
375	**climb a mountain** [kláɪm] ◀発音 [máʊntn]
376	**a vertical cliff** [vɚ́ːrtɪkl] ◀アク [klíf]
377	**reach the summit** [ríːtʃ] [sʌ́mɪt] ◀アク
378	**mountaineering equipment** [màʊntəníərɪŋ] ◀アク [ɪkwípmənt] ◀発音
379	**see the distant horizon** [dístənt] [həráɪzn] ◀アク
380	**cheer loudly for a runner** [tʃíər] [láʊdli] ◀発音

英語
English

耳から、口から！

381	世界記録を破る
	b...k a world r....d

382	テニスの試合に負ける
	l..e a tennis m...h

383	引き分けに終わる
	end in a t.e

384	決勝戦に進出する
	ad....e to the f...ls

385	優勝を勝ち取る
	w.n the ch.......hip

386	体操(の)競技会
	a gy.....ic co......ion

387	熟練の運動選手
	a s....ed at...te

388	切手を集める
	c...ect s...ps

389	花瓶に花を生ける
	ar...ge flowers in a v..e

390	くじを引く
	d..w l.ts

advance
athlete
arrange
break
championship
collect
competition
draw
final
gymnastic
lose
lots
match
record
skilled
stamp
tie
vase
win

CD 21

| 381 | **break a world record** |
| | [bréɪk] ◀発音　　　　　　[rékərd] ◀発音◀アク |

| 382 | **lose a tennis match** |
| | [lúːz] ◀発音 |

| 383 | **end in a tie** |
| | [táɪ] ◀発音 |

| 384 | **advance to the finals** |
| | [ədvǽns] ◀アク　　　　　[fáɪnlz] |

| 385 | **win the championship** |
| | [tʃǽmpiənʃip] |

| 386 | **a gymnastic competition** |
| | [dʒɪmnǽstɪk] ◀アク [kàːmpətíʃən] ◀アク |

| 387 | **a skilled athlete** |
| | [skíld]　　　[ǽθliːt] ◀アク |

| 388 | **collect stamps** |
| | [stǽmps] |

| 389 | **arrange flowers in a vase** |
| | [əréɪndʒ] ◀発音　　　　　　　[véɪs] ◀発音 |

| 390 | **draw lots** |
| | [drɔ́ː]◀発音 [láːts] |

100

腹式呼吸で元気よく！		
	391	**宝くじが当たる**
		w.n a l....ry
	392	**縫(ぬ)いぐるみの熊**
		a st...ed b..r
	393	**筆記用具**
		w....ng ma....als
	394	**鉛筆を削(けず)る**
		sh...en a pencil
	395	**消しゴムを借りる**
		b....w an er...r
	396	**定規(じょうぎ)で線を引く**
		d..w a l..e with a r...r
	397	**文房具店**
		a st.....ery shop
	398	**オフィス[事務]用品**
		of...e s...lies
	399	**コピー機の紙(かみ)詰(づ)まり**
		paper j.m in the c...er
	400	**書類を(シュレッダーで)裁断(さいだん)する**
		s...d d.....nts

bear
borrow
copier
document
draw
eraser
jam
line
lottery
material
office
ruler
sharpen
shred
stationery
stuffed
supply
win
writing

391	**win a lottery** [lάːtəri]
392	**a stuffed bear** [stʌft] [béər] ◀発音
393	**writing materials** [ráɪtɪŋ] [mətíəriəlz] ◀アク
394	**sharpen a pencil** [ʃάːrpən] ◀発音
395	**borrow an eraser** [bάːroʊ] [ɪréɪsər]
396	**draw a line with a ruler** [drɔ́ː] [rúːlər]
397	**a stationery shop** [stéɪʃənèri] ◀発音
398	**office supplies** [άːfəs] [səpláɪz] ◀発音◀アク
399	**paper jam in the copier** [kάːpiər]
400	**shred documents** [ʃréd] [dάːkjəmənts] ◀アク

100個 一気食いへの挑戦！

挑戦日	所要時間	正答数
1　年　月　日	分　秒	/100
2　年　月　日	分　秒	/100
3　年　月　日	分　秒	/100
4　年　月　日	分　秒	/100
5　年　月　日	分　秒	/100
6　年　月　日	分　秒	/100
7　年　月　日	分　秒	/100
8　年　月　日	分　秒	/100
9　年　月　日	分　秒	/100
10　年　月　日	分　秒	/100

繰り返しは無限の喜びである

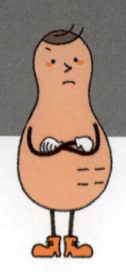

英単語つれづれ草

8. 情報が増えたら、かえって大変になっちゃったね！

インターネットの発達で、生(なま)の英語に触れる機会が増えれば、平均的な英語力は上がるだろうと誰もが思っていたが、意外にそうでもない。また、安価にネイティブスピーカーのCD付きの本が売られているのは、昔と比べると夢のような状況だが、だからといって、日本人の平均的英語力が劇的に向上したわけではない。どうしてだ？

日本は、方法論を熟知し、選択眼(せんたくがん)をもった学習者にとっては、英語学習教材パラダイスだ。ありとあらゆるニーズに応(こた)える英語学習教材が必ず見つかる。でも、今、いちばん必要なのは、あやしいキャッチフレーズのウソを見抜き、それらをバランス良く、分野ごとにひとつずつ組み合わせ、自分に必要なものを選び抜く選択眼だ。また、次から次と教材を変えず、選んだものを徹底的(てっていてき)に反復(はんぷく)し、音読をするしつこさだ。

そういえば、僕の大学生時代は、生の英語に対する渇望(かつぼう)があった。ちょっとでも生の英語が聞けるものなら、必死で耳を傾けて聞こうとしたものだった。教材だって、ネイティブの吹き込んだカセットテープが数千円はした。だから、テープが伸びるまで繰り返し聞いたもんだ。

もしかしたら、今の学習者に必要なのは、情報を遮断(しゃだん)して絞(しぼ)り込む能力なのかもしれないね。例えば、しばらくの間、単語に関しては、この「ピー単」だけを、ボロボロになるまで、繰り返し音読したり模写してごらん。ただ、無意味に量だけこなすより、英語ができるようになることは保証するよ。

9. バランスだよ！ バランス！

　何度もいうけれど，英語学習で大切なのはバランスである！　例えば，リーディングに関してだが，「精読が大事だと言われれば精読だけやる。」「多読が大事だと言われれば多読だけやる。」「論理が大事だと言われれば論理をつまむ練習しかやらない。」というふうに，ひとつで済まそうとするのはよくない。

　精読も多読も論理も大事に決まっているわけで，それをひとつに絞ろうとしている時点でもう失敗しているのだ。

　読解の力をきちんと養成するには，構造的にも語彙的にも良く理解した英文を何度も音読し，100パーセント理解できようになることが大事だ。これが精読である。僕と，清水かつぞー先生の大師匠である，同時通訳の神様，國弘正雄先生はこの学習法を「只管朗読」と呼ばれた。（只管朗読についてはp152を読んでください。）

　しかし，精読ばかりでは，英文に対する経験値が不足する。そこで多読の出番なわけだ。英語の反射神経を磨くわけだね。多読するときには，辞書で調べたり，細かいところを追求してはならない。知らない単語があっても，適当に推測しながら流していく。だから，語彙レベルの低い素材を使おう。英検のレベルで言えば，君の実力より1〜2級分くらい下げればいいだろう。あくまでも読書なんだから，読み捨てにしていく。多読は英文読解の練習試合みたいなものだ。

　上記二つの学習でも，センターやTOEICくらいなら，なんとかなるかもしれないが，ちょっと難しい英文になると，一文一文は読めても結局全体で何が言いたいのかがわかっていないという学習者

によく遭遇する。そういう人は，本文の論理を追いながら，要約する訓練をしなくちゃいけない。（うらやましいことに，もともと頭がいい人は何にもやらなくても，普通にできちゃうんだけどね。）

　こんなふうに，R，W，S，L，G，Vの，Rひとつとってみても，こんなにバランスが大切なんだ。全部のバランスを調整しながら学習を進めること。そしてその中心に反射神経の要請である音声学習を置くこと。

　そう考えると，英語学習ってのは，バランス曲芸みたいなもんだ。

英語 English

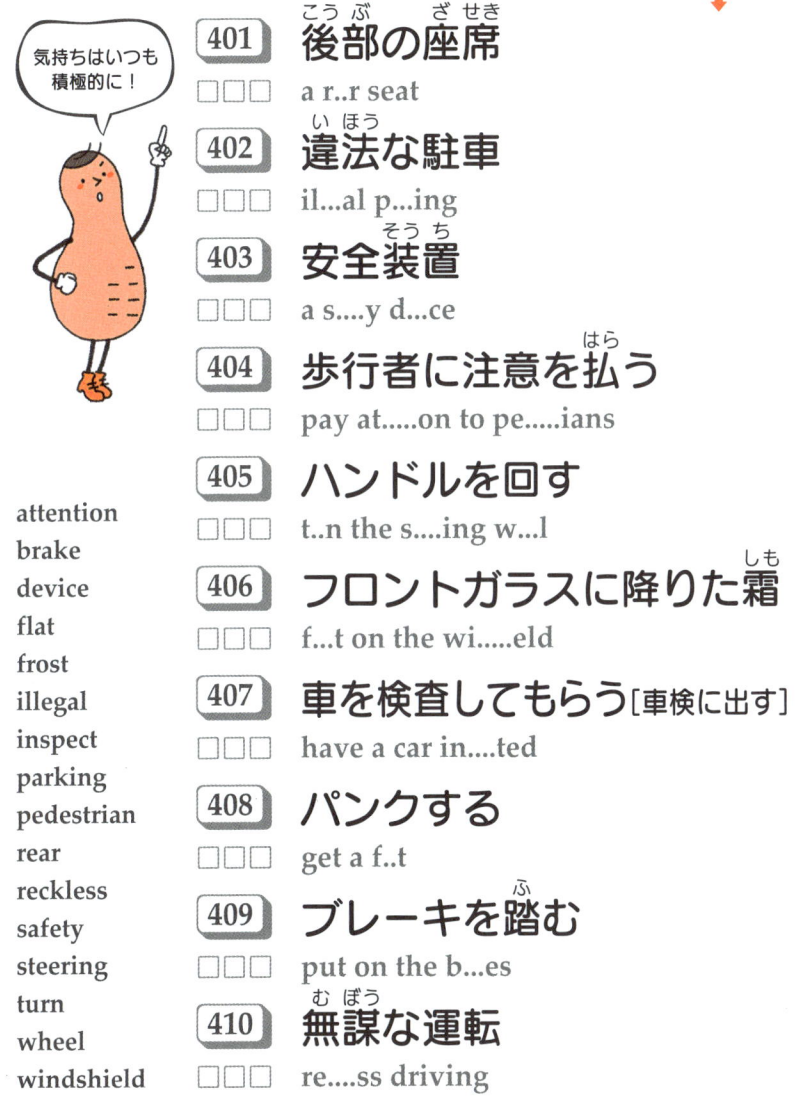

交通

気持ちはいつも積極的に！

401	後部の座席
	a r..r seat

402	違法な駐車
	il...al p...ing

403	安全装置
	a s....y d...ce

404	歩行者に注意を払う
	pay at.....on to pe.....ians

405	ハンドルを回す
	t..n the s....ing w...l

406	フロントガラスに降りた霜
	f...t on the wi.....eld

407	車を検査してもらう［車検に出す］
	have a car in....ted

408	パンクする
	get a f..t

409	ブレーキを踏む
	put on the b...es

410	無謀な運転
	re....ss driving

attention
brake
device
flat
frost
illegal
inspect
parking
pedestrian
rear
reckless
safety
steering
turn
wheel
windshield

CD 22

401 **a rear seat**
[ríər] ◀発音

402 **illegal parking**
[ilíːgl] ◀アク

403 **a safety device**
[séɪfti] [dɪváɪs] ◀発音 ◀アク

404 **pay attention to pedestrians**
[əténʃən] ◀アク [pədéstriənz] ◀アク

405 **turn the steering wheel**
[stíərɪŋ] [wíːl] ◀発音

406 **frost on the windshield**
[frɔ́(ː)st] [wíndʃìːld]

407 **have a car inspected**
[ɪnspéktɪd]

408 **get a flat**
[flǽt]

409 **put on the brakes**
[bréɪks] ◀発音

410 **reckless driving**
[rékləs] [dráɪvɪŋ]

英語 English

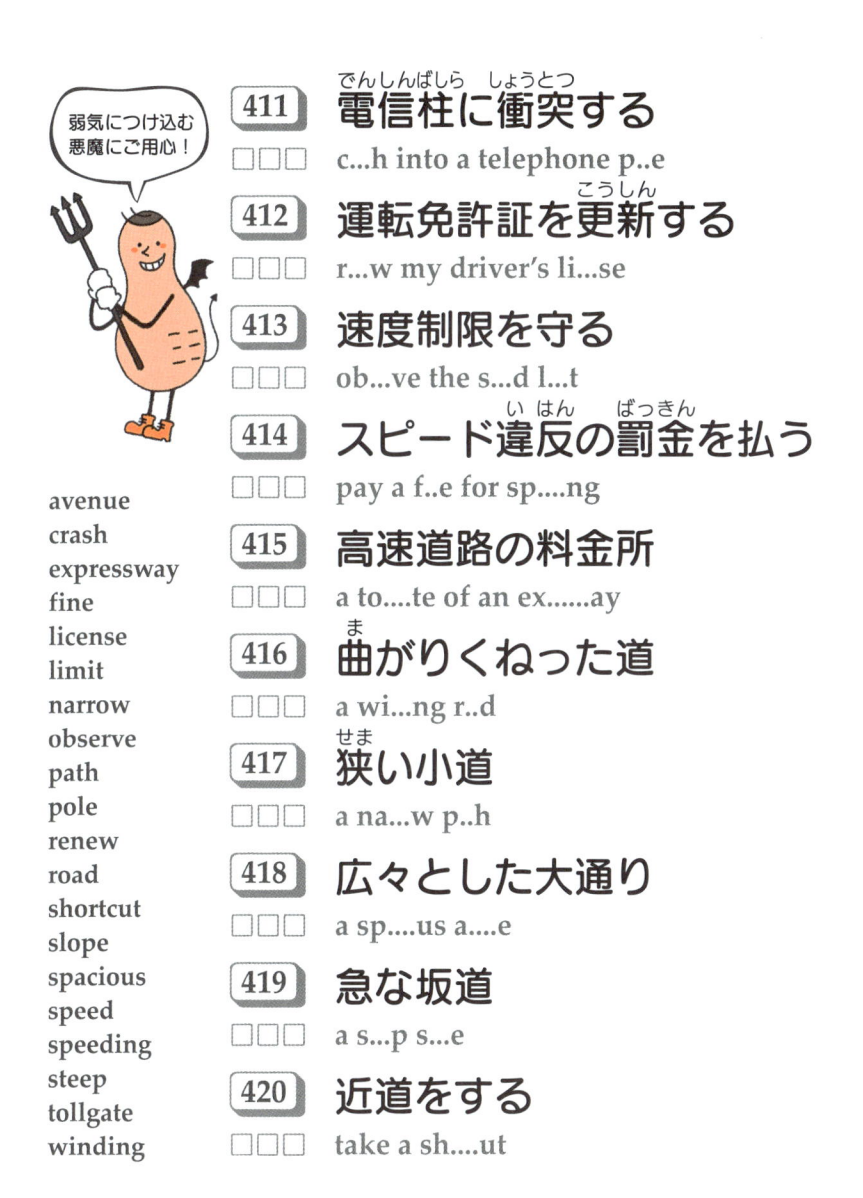

弱気につけ込む悪魔にご用心！

avenue
crash
expressway
fine
license
limit
narrow
observe
path
pole
renew
road
shortcut
slope
spacious
speed
speeding
steep
tollgate
winding

411 電信柱（でんしんばしら）に衝突（しょうとつ）する
c...h into a telephone p..e

412 運転免許証を更新（こうしん）する
r...w my driver's li...se

413 速度制限を守る
ob...ve the s...d l...t

414 スピード違反（いはん）の罰金（ばっきん）を払う
pay a f..e for sp....ng

415 高速道路の料金所
a to....te of an ex......ay

416 曲（ま）がりくねった道
a wi...ng r..d

417 狭（せま）い小道
a na...w p..h

418 広々とした大通り
a sp....us a....e

419 急な坂道
a s...p s...e

420 近道をする
take a sh....ut

109

411	**crash into a telephone pole** [póul]
412	**renew my driver's license** [rɪnjúː] [láɪsns]
413	**observe the speed limit** [əbzə́ːrv] ◀発音 ◀アク
414	**pay a fine for speeding** [fáɪn]
415	**a tollgate of an expressway** [tóulgèɪt] [ɪksprésweɪ] ◀アク
416	**a winding road** [wáɪndɪŋ] ◀発音 [róud] ◀発音
417	**a narrow path** [nǽrou] [pǽθ]
418	**a spacious avenue** [spéɪʃəs] ◀発音 [ǽvənjùː] ◀アク
419	**a steep slope** [stíːp] [slóup]
420	**take a shortcut** [ʃɔ́ːrtkʌ̀t] ◀アク

書いて、書いて、書きまくる

busy
commuter
cross
different
direction
intersection
jam
junction
means
notice
one-way
opposite
public
road
route
sign
traffic
transportation
vehicle

421	違う経路をとる
☐☐☐	take a di.....nt r...e

422	道路標識に気づく
☐☐☐	no...e a r..d s..n

423	交差点を渡る
☐☐☐	c...s an in......ion

424	交通量の多い交差点
☐☐☐	a b..y ju....on

425	交通の手段
☐☐☐	a m..ns of tr.........ion

426	公共の乗り物
☐☐☐	a p...ic ve...le

427	通勤通学(者用)のバス
☐☐☐	a co....er bus

428	反対の方向に
☐☐☐	in the op....te di....ion

429	交通渋滞
☐☐☐	a tr...ic j.m

430	一方交通
☐☐☐	o..-..y tr...ic

CD 23

421 take a different route
[dífərənt] [rúːt] ◀発音

422 notice a road sign
[nóutəs] [róud]◀発音[sáɪn] ◀発音

423 cross an intersection
[krɔ́(ː)s] [ìntərsékʃən]

424 a busy junction
[bízi]◀発音[dʒʌ́ŋkʃən]

425 a means of transportation
[míːnz] [trænspərtéɪʃən] ◀アク

426 a public vehicle
[víːəkl] ◀発音

427 a commuter bus
[kəmjúːtər] ◀アク

428 in the opposite direction
[ɑ́ːpəzɪt] ◀アク [dərékʃən]

429 a traffic jam
[trǽfɪk]

430 one-way traffic

書くときも声をだして！

431	修理[工事]中の道路
	a r..d under r...ir

432	自転車で通勤する
	co...te by bi...le

433	オートバイを修理する
	f.x a mo.....cle

434	往復切符(おうふく)
	a ro..d-t..p ti...t

435	千葉行きの電車
	a train b...d for Chiba

436	間違った電車に乗る
	take the w...g train

437	時間通りに到着(とうちゃく)する
	a....e on time

438	通路側の席
	an a...e seat

439	優先席
	a pr....ty seat

440	つり革(かわ)につかまる
	h..d on to a s...p

aisle
arrive
bicycle
bound
commute
fix
hold
motorcycle
priority
repair
road
round-trip
strap
ticket
wrong

431	**a road under repair**
	[róʊd] [rɪpéər]

432	**commute by bicycle**
	[kəmjúːt] ◀アク [báɪsəkl] ◀アク

433	**fix a motorcycle**
	[móʊtərsàɪkl] ◀アク

434	**a round-trip ticket**
	[ráʊnd-tríp]

435	**a train bound for Chiba**
	[báʊnd] ◀発音

436	**take the wrong train**
	[rɔ́(ː)ŋ] ◀発音

437	**arrive on time**
	[əráɪv]

438	**an aisle seat**
	[áɪl] ◀発音

439	**a priority seat**
	[praɪɔ́(ː)rəti] ◀アク

440	**hold on to a strap**
	[hóʊld]

楽しく歌うように読んでいこう

| 441 | 座席を後ろに傾(かたむ)ける |
| r....ne a seat back |

| 442 | 終電に乗り遅れる |
| m..s the last train |

| 443 | 地下鉄が遅れた。 |
| The su...y was d...yed. |

| 444 | 駅（の係）員 |
| a station at.....nt |

| 445 | 払い戻しを受ける |
| get a r...nd |

| 446 | 運賃精算(うんちんせいさん) |
| f..e ad......nt |

| 447 | 貨物列車 |
| a fr....t train |

| 448 | 列車事故にあう |
| have a ra.....d ac....nt |

| 449 | 旅行代理店 |
| a tr...l ag...y |

| 450 | 観光用の場所［観光地］ |
| a si.......ng s..t |

accident
adjustment
agency
attendant
delay
fare
freight
miss
railroad
recline
refund
sightseeing
spot
subway
travel

CD 24

441 recline a seat back
[rɪkláɪn]

442 miss the last train

443 The subway was delayed.
[sʌ́bwèɪ] ◀アク   [dɪléɪd] ◀アク

444 a station attendant
[əténdənt]

445 get a refund
[ríːfʌnd]

446 fare adjustment
[féər] [ədʒʌ́stmənt]

447 a freight train
[fréɪt] ◀発音

448 have a railroad accident
[réɪlròud] ◀アク [ǽksədənt] ◀アク

449 a travel agency
[éɪdʒənsi]

450 a sightseeing spot
[sáɪtsìːɪŋ] ◀アク

英語 English

「そうだった」なんて単語が増えたらしめたもの

451	旅行案内者［添乗員（てんじょういん）］
	a t..r co.....or

452	出発を延期（えんき）する
	po.....e my de.....re

453	旅行を続ける
	co.....e my j....ey

454	パック旅行に加（くわ）わる
	j..n a p....ge t..r

455	彼の到着の日付
	the d..e of his ar...al

456	飛行機の便を予約する
	b..k a fl...t

457	税関審査（ぜいかんしんさ）
	cu...ms in.....ion

458	入国審査を受ける
	go through im......ion

459	期限切れのパスポート
	an e....ed pa....rt

460	ビザを発行する
	i...e a v..a

arrival
book
conductor
continue
customs
date
departure
expired
flight
immigration
inspection
issue
join
journey
package
passport
postpone
tour
visa

| 451 | **a tour conductor** [túər] ◀発音 [kəndʌ́ktər] ◀アク |

| 452 | **postpone my departure** [poustpóun] ◀アク [dɪpɑ́ːrtʃər] ◀アク |

| 453 | **continue my journey** [kəntínjuː] ◀アク [dʒə́ːrni] ◀発音 |

| 454 | **join a package tour** [pǽkɪdʒ] |

| 455 | **the date of his arrival** [déɪt] [əráɪvl] |

| 456 | **book a flight** [búk] [fláɪt] ◀発音 |

| 457 | **customs inspection** [kʌ́stəmz] [ɪnspékʃən] |

| 458 | **go through immigration** [ìmɪgréɪʃən] ◀アク |

| 459 | **an expired passport** [ɪkspáɪərd] [pǽspɔ̀ːrt] ◀アク |

| 460 | **issue a visa** [íʃuː] ◀発音 [víːzə] |

絶対に自信のある問題は消しちゃいなさい

461	金属探知機（きんぞくたんちき）
	a m...l d....tor

462	手荷物の重さを量（はか）る
	w...h b....ge

463	貴重品（きちょうひん）を預（あず）ける
	c...k va....les

464	非常用の出口［非常口］
	an em......y e..t

465	円をドルに交換（こうかん）する
	ex....ge y.n for d...ars

466	割増（わりまし）料金を払う
	pay an e...a ch...e

467	公衆（こうしゅう）トイレ
	a p...ic re.....m

468	トイレの水を流す
	f...h a to...t

469	比較的安いホテル
	a re......ly c...p hotel

470	回転式のドア
	a re.....ng door

baggage
charge
cheap
check
detector
dollar
emergency
exchange
exit
extra
flush
metal
public
relatively
restroom
revolving
toilet
valuables
weigh
yen

英語 English

🔘 CD 25

461 **a metal detector**
[dɪtéktər]

462 **weigh baggage**
[wéɪ] ◀発音 [bǽɡɪdʒ] ◀発音◀アク

463 **check valuables**
[vǽljuəblz] ◀アク

464 **an emergency exit**
[ɪmə́ːrdʒənsi] ◀アク [éɡzɪt] ◀発音◀アク

465 **exchange yen for dollars**
[ɪkstʃéɪndʒ] ◀アク [jén] [dáːlərz]

466 **pay an extra charge**
[ékstrə] [tʃáːrdʒ]

467 **a public restroom**
[pʌ́blɪk] [réstrùːm] ◀アク

468 **flush a toilet**
[flʌ́ʃ]

469 **a relatively cheap hotel**
[rélətɪvli] ◀アク [tʃíːp]

470 **a revolving door**
[rɪváːlvɪŋ]

英語 / English

お茶でも飲んで気分転換

471	宿屋の受付係
	a re........st at an i.n

472	下りのエレベーター
	a de......ng el....or

473	上りのエスカレーター
	an as.....ng es.....or

474	静かなラウンジ
	a q...t lo...e

475	お寺と神社
	te...es and s...nes

476	活動的な[活]火山
	an a...ve vo....o

477	由緒ある場所[史跡]
	a hi....ic s..t

478	大理石の像
	a m...le st...e

479	観光客を案内する
	g...e a t....st

480	記憶に残る経験
	a me.....le ex......ce

active
ascending
descending
elevator
escalator
experience
guide
historic
inn
lounge
marble
memorable
quiet
receptionist
shrine
spot
statue
temple
tourist
volcano

471	**a receptionist at an inn**
	[rɪsépʃənɪst]　　　　　　　　　　[ín] ◀発音

472	**a descending elevator**
	[dɪséndɪŋ] ◀発音　　[éləvèɪtər] ◀アク

473	**an ascending escalator**
	[əséndɪŋ] ◀発音　　[éskəlèɪtər] ◀アク

474	**a quiet lounge**
	[kwáɪət]◀発音[láʊndʒ] ◀発音

475	**temples and shrines**
	[témplz]　　　　　　[ʃráɪnz] ◀発音

476	**an active volcano**
	[ǽktɪv]　　[vɑːlkéɪnoʊ] ◀アク

477	**a historic spot**
	[hɪstɔ́(ː)rɪk]

478	**a marble statue**
	[máːrbl]　　[stǽtʃuː] ◀発音◀アク

479	**guide a tourist**
	[gáɪd] ◀発音　　[tʊ́ərɪst] ◀発音

480	**a memorable experience**
	[mémərəbl] ◀アク　　[ɪkspíəriəns] ◀アク

中間点はすぐそこだ

coral
deck
desert
duty-free
endless
enormous
landmark
magnificent
marine
memory
monument
observation
outstanding
photo
product
reef
souvenir
view
vivid

481 鮮やかな記憶
a v...d m...ry

482 手土産の[記念]写真を撮る
take a so....ir p...o

483 展望台
an ob......ion d..k

484 素晴らしい眺め
a ma.......nt v..w

485 巨大な記念碑
an en....us mo....nt

486 目立つ陸標[建造物]
an ou.......ng la....rk

487 サンゴ礁
a c...l r..f

488 海(の)産物
a m...ne pr...ct

489 免税(の)店
a d..y-f..e shop

490 果てしない砂漠
an en...ss de...t

CD 26

481 **a vivid memory**
[vívɪd] [méməri]

482 **take a souvenir photo**
[sùːvəníər] ◀アク

483 **an observation deck**
[àːbzərvéɪʃən] ◀アク [dék]

484 **a magnificent view**
[mægnífəsənt] ◀アク [vjúː]

485 **an enormous monument**
[ɪnɔ́ːrməs] ◀アク [máːnjəmənt] ◀アク

486 **an outstanding landmark**
[àʊtstǽndɪŋ] ◀アク [lǽndmàːrk] ◀アク

487 **a coral reef**
[kɔ́(ː)rəl] [ríːf]

488 **a marine product**
[məríːn] ◀アク [práːdəkt] ◀アク

489 **a duty-free shop**

490 **an endless desert**
[dézərt] ◀発音

491	無人（の）島
□□□	a d....ted is...d

492	さびれた村
□□□	a l...ly vi....e

493	危険な場所
□□□	a da.....us lo...ion

494	地理的な特徴
□□□	a ge.......cal fe...re

495	地図を丸める
□□□	r..l up a m.p

496	宮城県
□□□	Miyagi Pr......re

497	カナダの首都
□□□	the ca...al of Canada

498	太平洋
□□□	the Pa...ic O...n

499	地中海
□□□	the Me........ean Sea

500	東京湾を見渡す
□□□	ov....ok Tokyo B.y

大丈夫、ピーがついてる

bay
capital
dangerous
deserted
feature
geographical
island
location
lonely
map
Mediterranean
ocean
overlook
Pacific
prefecture
roll
village

491 **a deserted island**
[dɪzə́ːrtɪd] ◀アク [áɪlənd] ◀発音

492 **a lonely village**
[lóʊnli] ◀発音 [vílɪdʒ] ◀発音

493 **a dangerous location**
[déɪndʒərəs] ◀発音 [loʊkéɪʃən]

494 **a geographical feature**
[dʒìːəgrǽfɪkl] ◀アク [fíːtʃər]

495 **roll up a map**
[róʊl] ◀発音

496 **Miyagi Prefecture**
[príːfektʃər] ◀アク

497 **the capital of Canada**
[kǽpətl]

498 **the Pacific Ocean**
[pəsífɪk] ◀アク [óʊʃən] ◀発音

499 **the Mediterranean Sea**
[mèdɪtəréɪniən] ◀発音

500 **overlook Tokyo Bay**
[òʊvərlʊ́k] [béɪ]

100個 一気食いへの挑戦！

挑戦日	所要時間	正答数
1 年 月 日	分 秒	/100
2 年 月 日	分 秒	/100
3 年 月 日	分 秒	/100
4 年 月 日	分 秒	/100
5 年 月 日	分 秒	/100
6 年 月 日	分 秒	/100
7 年 月 日	分 秒	/100
8 年 月 日	分 秒	/100
9 年 月 日	分 秒	/100
10 年 月 日	分 秒	/100

繰り返しは無限の喜びである

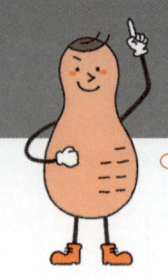

英単語つれづれ草

10. 負け惜しみじゃないのだぞ！

　僕はなんと150冊もの本の執筆・共著・監修に携(たずさ)わってきた。そんななかで，ハッキリ言って読者に迷惑をかけるものを作ったこともあったと反省する。

　でもまあ，皆さんのお役に立てるものもいろいろと作れたと思う。アジア諸国も含めて，全部で350万部以上も発行してきた。しかし，しかしだ，その中でも，僕の英語の勉強法の本は，いつもたいして売れず，出版社をガッカリさせている。

　でも，実は僕は，書こうと思えば，英語勉強法のベストセラーはいつでも書くことはできる。書かないけれど。（実は負け惜(お)しみかもしれない。）

　さて，ここで，この本を買ってくれた執筆者や編集者の皆さんへの大サービスとして，その書き方を教えよう。ほんとに簡単なのだ。

↓ここからはダークサイドなので注意 ☠

+++

☆秘伝・英語勉強法ベストセラーの書き方☆

①著者の英語力は全く関係ありません。安心してください。でも，もっともらしい肩書(かたが)きは大切です。日本人は肩書きに弱いですから。編集者の皆さんは，できるだけすごい肩書きの人を探してください。しつこいようですが，英語ができない人でも，肩書きがすごければ誰でもかまいません。

②なにかの科学に基づいた「新方式」であることを強調してください。カタカナのわけのわからない専門用語を連発して，いかにもナ

ンチャラ科学に基づいているという学術的根拠を持たせてください。「脳」が旬のキーワードです。本文の中にも都合良く学者の論文を，当てはまるところだけ適当に引用するといいでしょう。

③**「ラクラク」「短期間で」「全くできなかった私がいつのまにかペラペラ」など，努力をせずにすむような言葉をキャッチフレーズの中にちりばめてください**。「ペラペラ」という言葉の定義はあいまいです。いざとなれば, I'm fine. Thank you. だけでも言えれば「ペラペラ」と言い張ることができます。まあ，心配であれば「効果には個人差があります。」の文言を小さくどこかに。

④**キャッチフレーズには「ただ」「だけ」「いらず」という言葉をたくさん使ってください**。例えば「ただ聞いているだけで」「勉強いらずの」みたいな感じです。できない人が短期間で「ペラペラ」になったことを強調するのもグッドです。短期間を強調しましょう。

⑤**「英語は，すべてをバランス良く勉強しなければできるようにならない」という本当の事は言わないでください**。ひとつの事だけをやれば，すべてが解決するかのような主張にしてください。「○○をやれば英語はマスターできる！」「私は○○だけで英語をマスターした！」「あなたも○○だけでできるようになる！」のような感じです。

⑥**「ネイティブ」という言葉をちりばめてください**。「現地人」ではダメです。「ネイティブ」です。日本人はこのカタカナ語に異常なまでのあこがれと執着心，そして劣等感を持っています。ネイティブさま〜。

＋＋＋＋＋＋＋＋＋＋＋＋＋＋＋＋＋＋＋＋＋＋＋＋＋＋＋＋＋＋＋＋＋＋＋＋＋＋

前記，ピーナツ読者への大サービスだ。これで君もベストセラー作家！（ほんとかよ？）もちろん読者は全く英語はできるようにならず，英語教育は後退する。でもあなたは儲かるぞ。ただし，本名を使うと英語教育の世界では，誰にも相手にしてもらえなくなるのでご注意を！

英語 English

学校

飽きない工夫は いくらでもある

501 初等[小]学校に入る
e...r el.....ary school

502 公立高校
a p...ic high school

503 共学の学校
a c.-ed school

504 学校に通うのを拒む[登校拒否をする]
re...e to at...d school

505 学校を欠席する
be a...nt from school

506 教育(の)施設[学校]
an ed......nal in......ion

507 幼稚園の園長
a pr.....al of a ki.......ten

508 教育委員会
the b...d of ed....ion

509 PTAの役員
an of....al of the PTA

510 学生の評議会[生徒会]
a student co...il

absent
attend
board
co-ed
council
education
educational
elementary
enter
institution
kindergarten
official
principal
public
refuse

CD 27

501 enter elementary school
[èləméntəri] ◀アク

502 a public high school
[pʌ́blɪk] ◀アク

503 a co-ed school
[kóʊèd] ◀アク

504 refuse to attend school
[rɪfjúːz] ◀アク   [əténd]

505 be absent from school
[ǽbsənt]

506 an educational institution
[èdʒəkéɪʃənl] ◀アク   [ìnstətjúːʃən] ◀アク

507 a principal of a kindergarten
[prínsəpl] ◀発音 ◀アク   [kíndərgàːrtn] ◀アク

508 the board of education
[bɔ́ːrd] ◀発音   [èdʒəkéɪʃən] ◀アク

509 an official of the PTA
[əfíʃəl] ◀アク

510 a student council
[káʊnsl]

「机にばかりしがみついてちゃだめだよ」

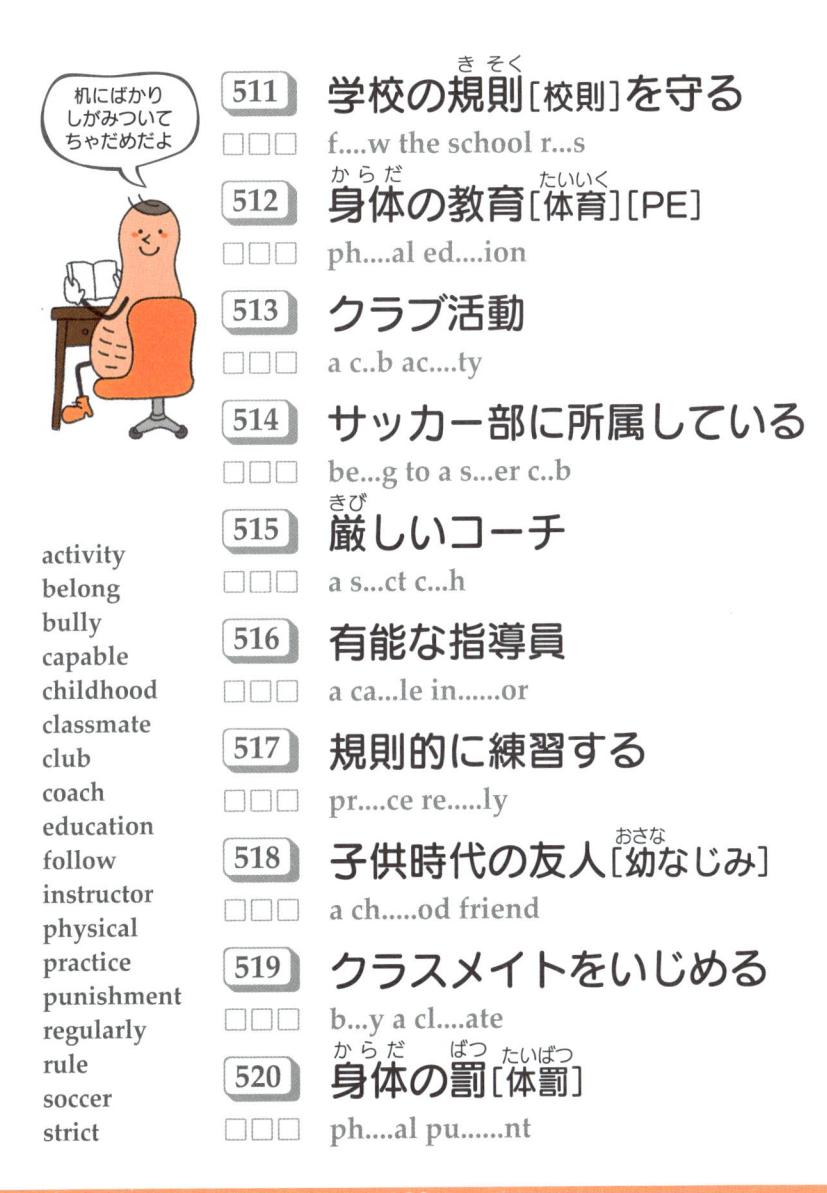

511 学校の規則[校則]を守る
f....w the school r...s

512 身体の教育[体育][PE]
ph....al ed....ion

513 クラブ活動
a c..b ac....ty

514 サッカー部に所属している
be...g to a s...er c..b

515 厳しいコーチ
a s...ct c...h

516 有能な指導員
a ca...le in......or

517 規則的に練習する
pr....ce re.....ly

518 子供時代の友人[幼なじみ]
a ch.....od friend

519 クラスメイトをいじめる
b...y a cl....ate

520 身体の罰[体罰]
ph....al pu......nt

activity
belong
bully
capable
childhood
classmate
club
coach
education
follow
instructor
physical
practice
punishment
regularly
rule
soccer
strict

英語 English

| 511 | **follow the school rules** [fá:lou] [rú:lz] |

| 512 | **physical education** [fízɪkl] ◀発音 ◀アク [èdʒəkéɪʃən] |

| 513 | **a club activity** [kláb] [æktívəti] ◀アク |

| 514 | **belong to a soccer club** [bɪlɔ́(:)ŋ] ◀アク [sá:kər] |

| 515 | **a strict coach** [stríkt] [kóutʃ] ◀発音 |

| 516 | **a capable instructor** [kéɪpəbl] ◀発音 [ɪnstrʌ́ktər] |

| 517 | **practice regularly** [præktɪs] [régjələrli] ◀アク |

| 518 | **a childhood friend** [tʃáɪldhùd] ◀発音 |

| 519 | **bully a classmate** [búli] [klǽsmèɪt] |

| 520 | **physical punishment** [pʌ́nɪʃəmənt] |

英語 English

元気に歩きながら覚えよう

| 521 | 生徒のカンニングを叱る |
| s...d a student for ch....ng |

| 522 | クラス会を催（もよお）す |
| h..d a class re...on |

| 523 | 朝の集会［朝礼］ |
| a morning as....ly |

| 524 | 講堂に集まる |
| as....le in the au......um |

| 525 | 卒業式 |
| a gr.....ion ce....ny |

| 526 | 送別の演説をする［辞（じ）を述べる］ |
| make a fa....ll ad...ss |

| 527 | 修学旅行に行く |
| go on a school t..p |

| 528 | 夏休みの予定 |
| my sc....le for the summer va....on |

| 529 | 中級（の）コース |
| an in.......ate co...e |

| 530 | 職業［専門］学校 |
| a vo......al school |

address
assemble
assembly
auditorium
ceremony
cheating
course
farewell
graduation
hold
intermediate
reunion
schedule
scold
trip
vacation
vocational

521. **scold a student for cheating**
[skóuld] [tʃíːtɪŋ]

522. **hold a class reunion**
[hóuld] [rìjúːnjən]

523. **a morning assembly**
[əsémbli] ◀ アク

524. **assemble in the auditorium**
[əsémbl] [ɔ̀ːdətɔ́ːriəm] ◀ アク

525. **a graduation ceremony**
[græ̀dʒuéɪʃən] [sérəmòuni] ◀ アク

526. **make a farewell address**
[fèərwél] ◀ アク [ədrés] ◀ アク

527. **go on a school trip**

528. **my schedule for the summer vacation**
[skédʒuːl] [veɪkéɪʃən] ◀ 発音

529. **an intermediate course**
[ìntərmíːdiət] ◀ アク [kɔ́ːrs]

530. **a vocational school**
[voukéɪʃ(ə)nəl] ◀ アク

英語 English

| 反射神経を鍛えることも必要！ |

531 **通信講座**
a co.........nce co...e

532 **前の授業を復習する**
r....w the pr....us lesson

533 **詩を暗記する**
me....ze a p..m

534 **練習問題をする**
do an e.....se

535 **英（語の）作文**
English co......ion

536 **算数の学習**
ar......ic le....ng

537 **黒板をふく**
w..e a bl......rd

538 **掃除当番をさぼる**
s..p my cl....p d..y

539 **校庭で遊ぶ**
play in the sc.....ard

540 **優秀な成績を取る**
get ex.....nt g...es

arithmetic
blackboard
cleanup
composition
correspondence
course
duty
excellent
exercise
grade
learning
memorize
poem
previous
review
schoolyard
skip
wipe

531 a correspondence course
[kɔ̀:rəspá:ndəns] ◀アク　[kɔ́:rs]

532 review the previous lesson
[rɪvjú:]　　　　[prí:viəs] ◀発音

533 memorize a poem
[méməràɪz]　　　[póʊəm]

534 do an exercise
[éksərsàɪz]

535 English composition
[kà:mpəzíʃən] ◀アク

536 arithmetic learning
[æ̀rɪθmétɪk] ◀アク　[lə́:rnɪŋ]

537 wipe a blackboard
[wáɪp]　[blǽkbɔ̀:rd]

538 skip my cleanup duty
[klí:nʌ̀p]　[dʒú:ti]

539 play in the schoolyard
[skú:ljà:rd]

540 get excellent grades
[éksələnt] ◀アク [gréɪdz]

スピードは英語力だ！

541	完全な得点[満点]を取る
	get a p....ct s...e

542	平均を下回っている
	b...w the av....e

543	家庭教師を雇う
	h..e a t...r

544	科学的な理論
	a sc......ic t...ry

545	公式を当てはめる
	a...y a f.....a

546	物理学と化学
	ph...cs and ch.....ry

547	化学（的な）反応
	a ch....al r....ion

548	実験を行う
	c....ct an e......ent

549	引力の法則
	the l.w of gr......ion

550	望遠鏡で星を観察する
	o....ve stars with a te.....pe

apply
average
below
chemical
chemistry
conduct
experiment
formula
gravitation
hire
law
observe
perfect
physics
reaction
scientific
score
telescope
theory
tutor

CD 29

541 **get a perfect score**
[pə́ːrfɪkt] [skɔ́ːr]

542 **below the average**
[bɪlóu] [ǽvərɪdʒ] ◀発音◀アク

543 **hire a tutor**
[háɪər] [tjúːtər]

544 **a scientific theory**
[sàɪəntífɪk] ◀アク [θíːəri] ◀発音

545 **apply a formula**
[əpláɪ] ◀アク [fɔ́ːrmjələ]

546 **physics and chemistry**
[fízɪks] ◀発音◀アク [kéməstri] ◀発音

547 **a chemical reaction**
[kémɪkl] [riǽkʃən]

548 **conduct an experiment**
[kəndʌ́kt] ◀アク [ɪkspérəmənt] ◀アク

549 **the law of gravitation**
[lɔ́ː] ◀発音 [græ̀vətéɪʃən]

550 **observe stars with a telescope**
[əbzə́ːrv] ◀発音◀アク [téləskòup] ◀アク

英語 English

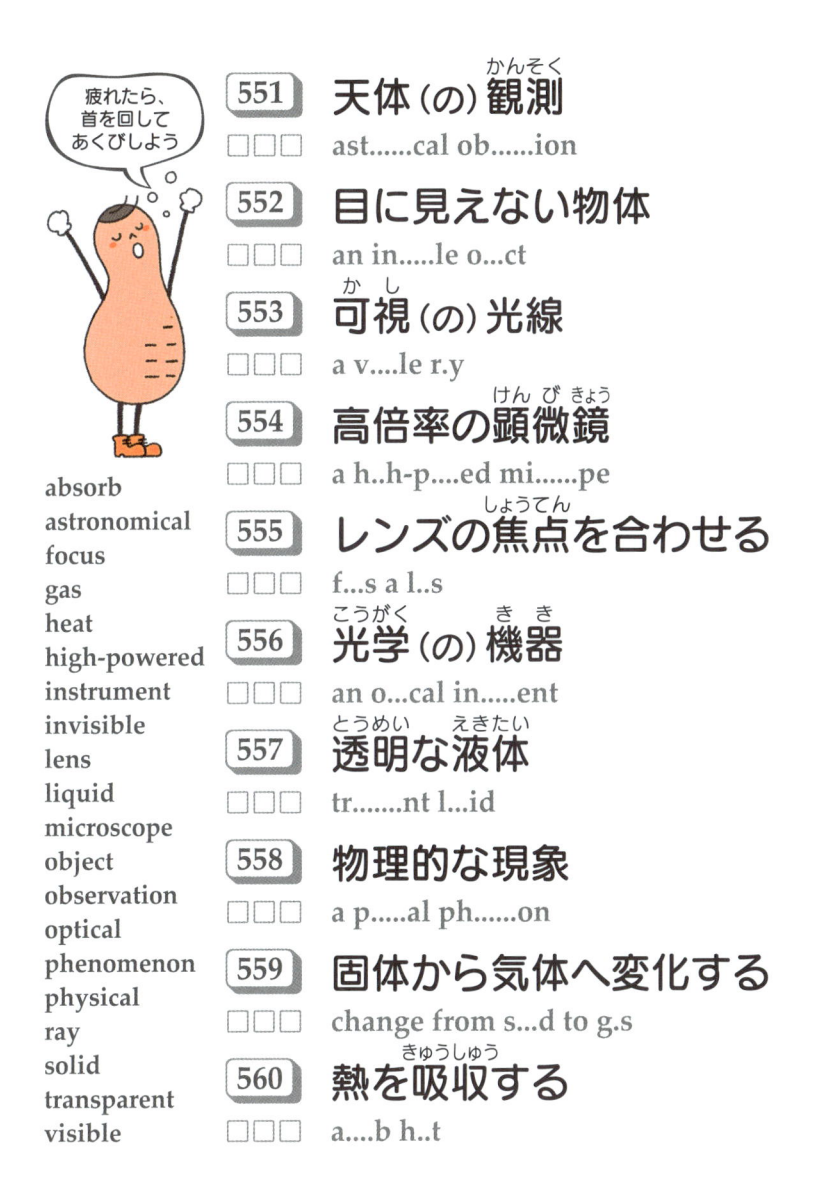

疲れたら、首を回してあくびしよう

absorb
astronomical
focus
gas
heat
high-powered
instrument
invisible
lens
liquid
microscope
object
observation
optical
phenomenon
physical
ray
solid
transparent
visible

551 天体(の)観測
ast......cal ob......ion

552 目に見えない物体
an in.....le o...ct

553 可視(の)光線
a v....le r.y

554 高倍率の顕微鏡
a h..h-p....ed mi......pe

555 レンズの焦点を合わせる
f...s a l..s

556 光学(の)機器
an o...cal in.....ent

557 透明な液体
tr.......nt l...id

558 物理的な現象
a p.....al ph......on

559 固体から気体へ変化する
change from s...d to g.s

560 熱を吸収する
a....b h..t

551 astronomical observation
[æ̀strəná:mɪkl] ◀アク　[à:bzərvéɪʃən] ◀アク

552 an invisible object
[ɪnvízəbl] ◀アク　[á:bdʒɪkt] ◀アク

553 a visible ray
[vízəbl]　[réɪ]

554 a high-powered microscope
[máɪkrəskòup] ◀アク

555 focus a lens
[fóukəs]　[lénz]

556 an optical instrument
[á:ptɪkl]　[ínstrəmənt] ◀アク

557 transparent liquid
[trænspǽərənt] ◀アク　[líkwɪd] ◀発音

558 a physical phenomenon
[fízɪkl] ◀アク　[fɪná:mənà:n] ◀発音

559 change from solid to gas
[sá:ləd]

560 absorb heat
[əbzɔ́:rb] ◀アク [hí:t]

英語 English

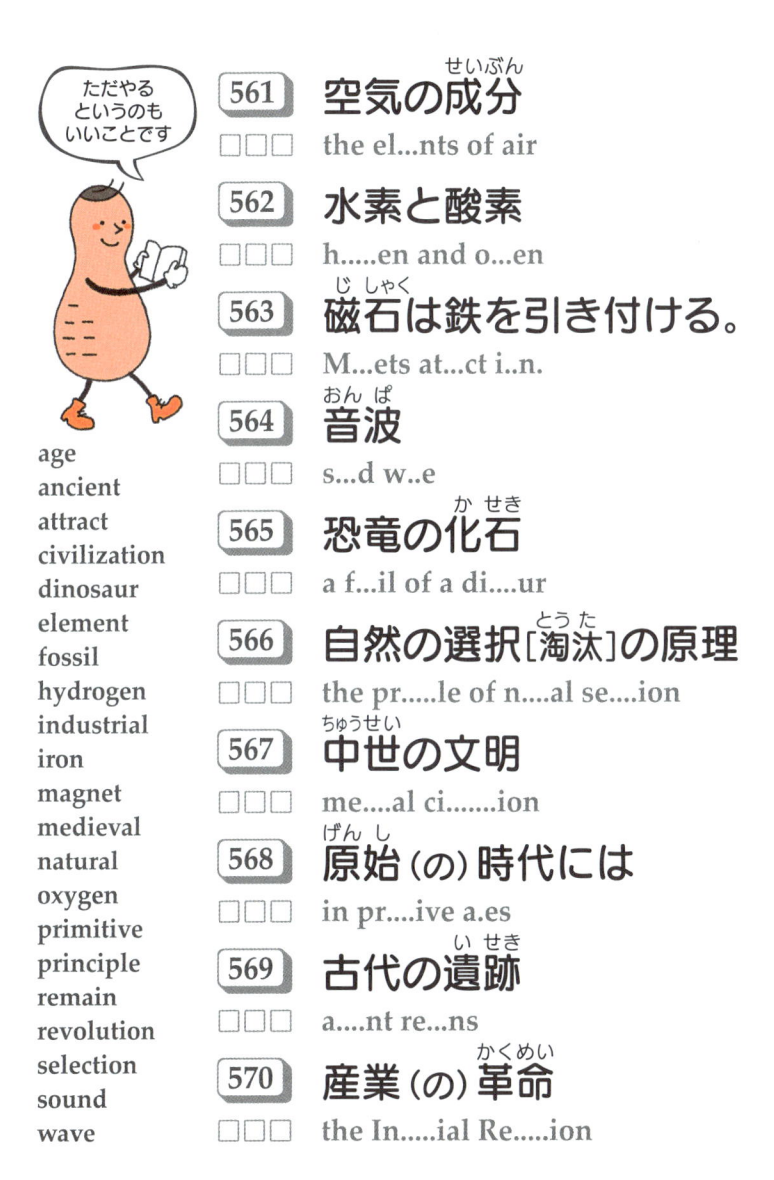

ただやるというのもいいことです

561	空気の成分（せいぶん）
□□□	the el...nts of air

562	水素と酸素
□□□	h.....en and o...en

563	磁石（じしゃく）は鉄を引き付ける。
□□□	M...ets at...ct i..n.

564	音波（おんぱ）
□□□	s...d w..e

565	恐竜の化石（かせき）
□□□	a f...il of a di....ur

566	自然の選択［淘汰（とうた）］の原理
□□□	the pr.....le of n....al se....ion

567	中世（ちゅうせい）の文明
□□□	me....al ci.......ion

568	原始（げんし）（の）時代には
□□□	in pr....ive a.es

569	古代の遺跡（いせき）
□□□	a....nt re...ns

570	産業（の）革命（かくめい）
□□□	the In.....ial Re.....ion

age
ancient
attract
civilization
dinosaur
element
fossil
hydrogen
industrial
iron
magnet
medieval
natural
oxygen
primitive
principle
remain
revolution
selection
sound
wave

CD 30

561 the elements of air
[éləmən*t*s] ◀アク　[éər]

562 hydrogen and oxygen
[háidrədʒən] ◀アク　[ɑ́:ksɪdʒən] ◀アク

563 Magnets attract iron.
[mǽgnəts]　[ətrǽkt]◀アク [áiərn] ◀発音

564 sound wave
[sáʊnd]　[wéɪv]

565 a fossil of a dinosaur
[fɑ́:sl]　[dáɪnəsɔ̀:*r*] ◀発音

566 the principle of natural selection
[prínsəpl]◀発音◀アク [nǽtʃərəl]　[səlékʃən]

567 medieval civilization
[mì:díí:vl] ◀発音　[sìvələzéɪʃən]

568 in primitive ages
[prímətɪv] ◀発音　[éɪdʒɪz]

569 ancient remains
[éɪnʃənt]◀発音 [rɪméɪnz]

570 the Industrial Revolution
[ɪndʌ́striəl] ◀アク　[rèvəlú:ʃən] ◀アク

やってるうちに調子がでてくる

571	開拓者精神（かいたくしゃせいしん）
□□□	the fr....er s....t

572	歴史上の人物
□□□	a hi......al fi...e

573	江戸時代の文化
□□□	the c....re of the Edo p...od

574	明治時代の近代化
□□□	mo........ion in the Meiji e.a

575	地球儀（ちきゅうぎ）を回（まわ）す
□□□	s..n a g...e

576	南極の地理
□□□	the ge.....hy of the An.....ic

577	北（の）半球
□□□	the n.....rn he......re

578	温帯（の）地域
□□□	the Te.....te Z..e

579	ヨーロッパ（の）大陸
□□□	the E.....an Co.....nt

580	関東地方で
□□□	in the Kanto r....n

Antarctic
continent
culture
era
European
figure
frontier
geography
globe
hemisphere
historical
modernization
northern
period
region
spin
spirit
temperate
zone

571 the frontier spirit
[frʌntíər] ◀アク

572 a historical figure
[hɪstɔ́(ː)rɪkl] ◀アク [fígjər]

573 the culture of the Edo period
[kʌ́ltʃər] [píəriəd] ◀発音 ◀アク

574 modernization in the Meiji era
[mὰːdərnɪzéɪʃn] ◀発音 [íərə] ◀発音

575 spin a globe
[glóub] ◀発音

576 the geography of the Antarctic
[dʒiáːgrəfi] ◀アク [æntáːrktɪk]

577 the northern hemisphere
[nɔ́ːrðərn] ◀発音 [héməsfìər] ◀発音

578 the Temperate Zone
[témpərət] [zóun]

579 the European Continent
[jùərəpíːən] ◀アク [káːntənənt] ◀アク

580 in the Kanto region
[ríːdʒən] ◀発音 ◀アク

英語 English

続けていけば必ず変化が起きるのです！

| 581 | 大都市(の)地区 |
| a me........an a..a |

| 582 | 商業(の)地区 |
| a co......al di....ct |

| 583 | 大学に出願する |
| a...y to a un......ty |

| 584 | 入学(のための)願書 |
| an ap......ion for a.....ion |

| 585 | 競争(の)率 |
| a co.......ve r..e |

| 586 | 国立(の)大学 |
| a n.....al un......ty |

| 587 | 入学試験に合格する |
| p..s an en....ce ex......ion |

| 588 | 生物学を専攻する |
| m...r in b....gy |

| 589 | 英文学(の学)科 |
| English li......re de......nt |

| 590 | クラス分けテストを受ける |
| take a pl.....nt test |

admission
application
apply
area
biology
commercial
competitive
department
district
entrance
examination
literature
major
metropolitan
national
pass
placement
rate
university

日本語
Japanese

CD 31

581 **a metropolitan area**
[mètrəpáːlətn] ◀アク　　[éəriə] ◀発音◀アク

582 **a commercial district**
[kəmə́ːrʃəl] ◀アク　　[dístrıkt] ◀アク

583 **apply to a university**
[əpláı] ◀アク　　[jùːnəvə́ːrsəti] ◀アク

584 **an application for admission**
[æplıkéıʃən]　　[ədmíʃən] ◀アク

585 **a competitive rate**
[kəmpétətıv] ◀アク　　[réıt]

586 **a national university**

587 **pass an entrance examination**
[éntrəns] ◀アク　[ıgzæmənéıʃən]

588 **major in biology**
[méıdʒər] ◀発音　[baıáːlədʒi] ◀アク

589 **English literature department**
[lítərətʃər] ◀アク　[dıpáːrtmənt]

590 **take a placement test**
[pléısmənt]

英語 English

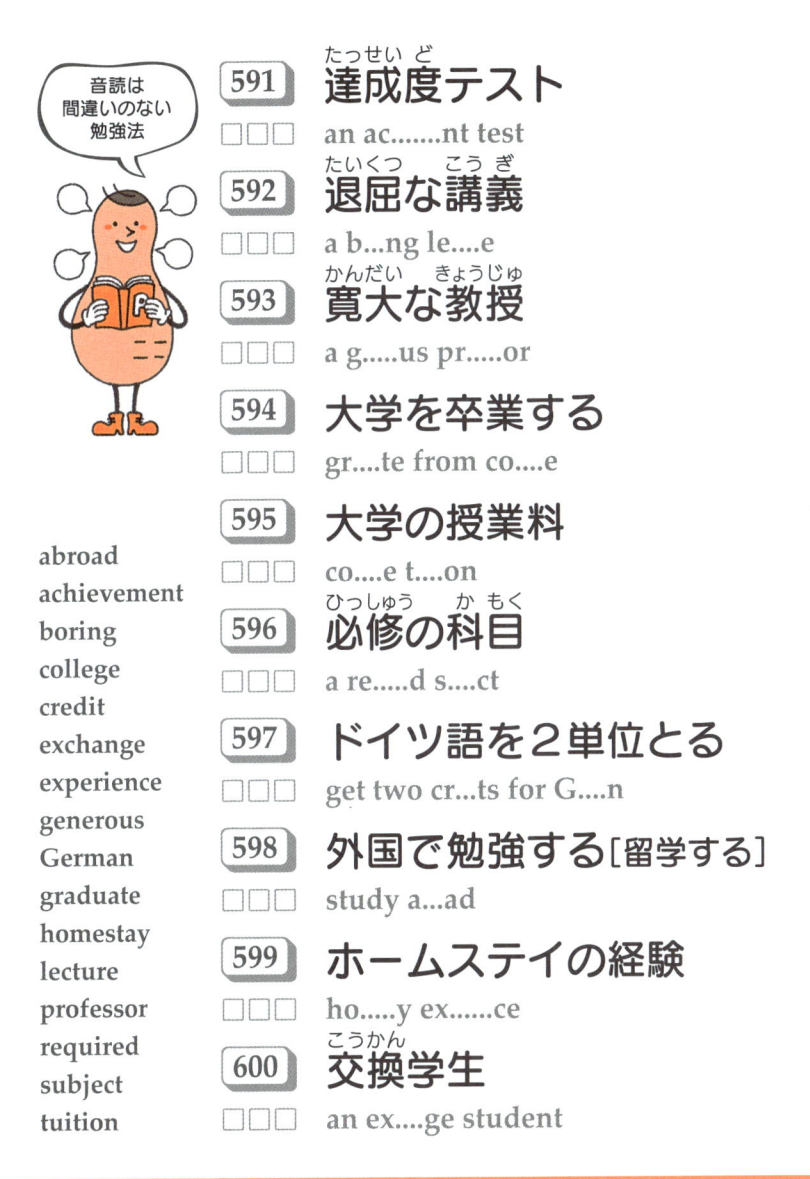

音読は間違いのない勉強法

591	達成度テスト（たっせいど）
	an ac.......nt test

592	退屈な講義（たいくつ こうぎ）
	a b...ng le....e

593	寛大な教授（かんだい きょうじゅ）
	a g.....us pr.....or

594	大学を卒業する
	gr....te from co....e

595	大学の授業料
	co....e t....on

596	必修の科目（ひっしゅう かもく）
	a re.....d s....ct

597	ドイツ語を２単位とる
	get two cr...ts for G....n

598	外国で勉強する［留学する］
	study a...ad

599	ホームステイの経験
	ho.....y ex......ce

600	交換学生（こうかん）
	an ex....ge student

abroad
achievement
boring
college
credit
exchange
experience
generous
German
graduate
homestay
lecture
professor
required
subject
tuition

591	**an achievement test** [ətʃíːvmənt] ◀アク
592	**a boring lecture** [bɔ́ːrɪŋ] [léktʃər]
593	**a generous professor** [dʒénərəs] ◀アク [prəfésər] ◀アク
594	**graduate from college** [grǽdʒuèɪt] ◀アク [káːlɪdʒ]
595	**college tuition** [tjuː(ː)íʃən] ◀アク ◀発音
596	**a required subject** [rɪkwáɪərd] [sʌ́bdʒekt]
597	**get two credits for German** [krédɪts] [dʒɔ́ːrmən]
598	**study abroad** [əbrɔ́ːd] ◀発音
599	**homestay experience** [hóʊmstèɪ] [ɪkspíəriəns] ◀アク
600	**an exchange student** [ɪkstʃéɪndʒ]

100個 一気食いへの挑戦！

挑戦日	所要時間	正答数
1 年 月 日	分 秒	/100
2 年 月 日	分 秒	/100
3 年 月 日	分 秒	/100
4 年 月 日	分 秒	/100
5 年 月 日	分 秒	/100
6 年 月 日	分 秒	/100
7 年 月 日	分 秒	/100
8 年 月 日	分 秒	/100
9 年 月 日	分 秒	/100
10 年 月 日	分 秒	/100

繰り返しは無限の喜びである

英単語つれづれ草

11. 只管朗読のすすめ

　「只管朗読」という言葉がある。これは，日本の同時通訳の草分けであり，同時通訳の神様と呼ばれる國弘正雄先生の造語である。これは，集中し英文を声に出して読むことを禅の只管打坐になぞらえて先生が作られたことばである。

　表面的に構造や意味を理解するだけではなく，その英文の意味が骨の髄にしみこむまで，音読を繰り返すという事である。

　しかし，只管朗読はただ単に繰り返して英文を音読することではない。それでは，ただ単に回数と時間をこなすだけの棒読みになってしまうからだ。一度一度の朗読をする際には，その英文との出会いを一期一会と考え，最大の礼を払い，最大の集中力を込めて読むのである。まさに一読入魂だ。（この言葉は僕が作った）この精神をもってして初めて只管朗読の行は完成するのである。

　もちろん，現代の只管朗読は，技術の発達と共に進化した。現地人の英語を最大の集中力で聴き，その後に同じ音を再生しようとする行（リピーティング），また，現地人の音に合わせて読む行（アイ・シャドウイング），現地人の音を耳だけで聞き取りながら追いかけて再生する行（シャドウイング）。これらの三行は只管模写とも言えるだろう。

　この只管朗読の行により，すべての英語力のベースとなる反射神経としての英語の知識を内在化させることができる。

　現在，実用英語や外交の世界で働いている人には，國弘チルドレンが多いはずだ。僕も國弘先生にあこがれて英語の勉強を続けてきた。

　英語の反射神経がますます重要になっている今こそ，そんな人たちが結集して，只管朗読という勉強法を，現代的な形で，英語教育の世界に広めていく時ではないだろうか？

12. 音読筆写のすすめ

只管朗読と共に，國弘正雄先生の提唱された勉強法に「音読筆写」がある。これは，声に出し英文を読み，それを紙に書き写すという単純な学習法である。これもまた，大変有益な学習法である。静かな部屋で机にへばりついてやる学習とは，声を使い反射神経を鍛えるという点で完全に一線を画している。

さて，只管朗読と同様に，この音読筆写もやり方を誤ってはならない。まずは只管朗読・只管模写により，現地人の読みに自分の読みを近づける事を先行させるべきである。その後，音読筆写にうつるとよい。

単語単位で筆写してはならない。最低でも意味単位(センスグループ)，できれば，一文ごとに暗唱しながら筆写するのである。「ピー単」でやる場合には，コロケーションをまるごと一気に筆写すること。まずは英文に対する礼を払いながら，心を込めて音読する。そして，その内容を暗唱した上で，またもや声に出しながら，筆者になりきったつもりで文を書き写すのである。

いうまでもなく，英作文とは，母語として英語を使用する現地人の頻繁に使用している表現を盗み，組み合わせるという作業である。この音読筆写により，現地人の表現を盗み，英作文の基礎を身につけるわけである。

また，只管朗読・音読筆写をする際には，全体の論理の流れにも注意を払わねばならない。英語の持つ明快な論理を内在化させることも，これらの行のもつ目的のひとつだからだ。

これらに加えて，もう一つの行として，僕が提唱したいのは，暗唱音読である。まずは一文を声に出して読み，それを暗唱する。

一度で暗唱できなければ，二度，三度と読む。さらに，英文を見ずに，自分の言葉としてその文を発話してみる。これを繰り返しながら，文章を朗読するのがこの暗唱音読の行である。この行は，特に英語プレゼンテーションの訓練として有効である。

英語
English

情報

意味がわからなくてもやってごらん

| 601 | 鳴(な)っている電話 |
| a r....ng phone |

| 602 | 携帯電話で彼に連絡を取る |
| c....ct him by c......ne |

| 603 | 受話器(じゅわき)を(つかみ)取る |
| p..k up a r.....er |

| 604 | 伝言を残す |
| l...e a m....ge |

| 605 | 郵便番号 |
| a p...al c..e |

| 606 | 郵送料が無料の封筒(ふうとう) |
| a p...age-f..e en.....e |

| 607 | 切手を貼(は)る |
| s...k on a s...p |

| 608 | 私の現在の住所 |
| my p....nt a....ss |

| 609 | 小包(こづつみ)を速達で送る |
| send a p....ge by e....ss |

| 610 | 荷物を配達する |
| d....er a p...el |

address
cellphone
code
contact
deliver
envelope
express
free
leave
message
package
parcel
pick
postage
postal
present
receiver
ring
stamp
stick

155

CD 32

601 a ringing phone

602 contact him by cellphone
[káːntækt] [sélfòun]

603 pick up a receiver
[rɪsíːvər] ◀発音◀アク

604 leave a message
[mésɪdʒ] ◀アク

605 a postal code
[póʊstl] [kóʊd]

606 a postage-free envelope
[póʊstɪdʒ] [énvəlòʊp] ◀アク

607 stick on a stamp
[stǽmp]

608 my present address
[préznt] ◀アク [ədrés] ◀アク

609 send a package by express
[ɪksprés]

610 deliver a parcel
[dɪlívər] ◀アク [páːrsl]

英語 English

もう一度言うよ！
『まずは形に馴染みになる』

611	間接的な情報
	in....ct in......ion

612	テレビ番組
	a television pr....m

613	才能のあるコメディアン
	a ta....ed co....an

614	人気を得る
	g..n po.....ity

615	二ヶ国語（の）放送
	a bi.....al br.....st

616	報道［新聞］発表
	p..ss r....se

617	新聞記事
	a ne.....er ar...le

618	社説の欄(らん)
	an ed.....al co...n

619	一面の見出し
	a f...t-p..e he....ne

620	国民的英雄
	a na....al h..o

article
bilingual
broadcast
column
comedian
editorial
front-page
gain
headline
hero
indirect
information
national
newspaper
popularity
press
program
release
talented

611 indirect information
[ìndərékt] ◀アク [ìnfərméɪʃən] ◀アク

612 a television program
[próʊɡræm] ◀発音

613 a talented comedian
[tǽləntɪd] [kəmíːdiən] ◀発音◀アク

614 gain popularity
[ɡéɪn] [pàːpjəlǽrəti]

615 a bilingual broadcast
[baɪlíŋɡwəl]◀発音◀アク[brɔ́ːdkæst] ◀発音◀アク

616 press release
[rɪlíːs] ◀発音◀アク

617 a newspaper article
[n(j)úːzpèɪpər] [áːrtɪkl]

618 an editorial column
[èdɪtɔ́ːriəl] ◀アク [káːləm] ◀発音

619 a front-page headline
[hédlàɪn]

620 a national hero
[híːroʊ] ◀発音◀アク

覚えていない単語にも挨拶だけはしておこう

621	パソコンを操作する
	op....e a co....er

622	ハードディスクの容量(ようりょう)
	the ca....ty of the hard d..k

623	インターネットを検索(けんさく)する
	s...ch the I.....et

624	動画サイト
	a v...o s..e

625	ネットで本を注文する
	o...r a book on...e

626	競売(きょうばい)に参加する
	pa.......te in an a....on

627	メールを受け取る
	re....e an e-m..l

628	迅速(じんそく)な返答をする
	make a pr...t r...y

629	ファイルを添付(てんぷ)する
	at...h a file

630	重要なファイルを保存する
	s..e an im.....nt file

attach
auction
capacity
computer
disk
e-mail
important
Internet
online
operate
order
participate
prompt
receive
reply
save
search
site
video

CD 33

621 **operate a computer**
[ɑ́:pərèɪt] ◀アク [kəmpjú:tər]

622 **the capacity of the hard disk**
[kəpǽsəti] ◀発音◀アク

623 **search the Internet**
[sə́:rtʃ] [íntərnèt] ◀アク

624 **a video site**
[vídiòu] [sáɪt] ◀発音

625 **order a book online**
[ɔ́:rdər] [ɑ́:nláɪn]

626 **participate in an auction**
[pɑ:rtísəpèɪt] ◀アク [ɔ́:kʃən] ◀発音

627 **receive an e-mail**
[rɪsí:v] [í:mèɪl]

628 **make a prompt reply**
[prɑ́:mpt] [rɪpláɪ] ◀発音◀アク

629 **attach a file**
[ətǽtʃ] ◀アク [fáɪl]

630 **save an important file**
[séɪv] [ɪmpɔ́:rtnt]

160

英語 English

> ムダをおそれてはいけないよ

amount
approximate
chart
data
delete
document
effect
figure
huge
infect
length
number
parts
pie
print
replacement
serial
unit
unnecessary
virus
visual

631 不要なファイルを消去する
d...te an un.......ry file

632 文書を印刷する
p...t out a do...nt

633 ウイルスに感染したパソコン
a PC in....ed by a v...s

634 交換部品
re......ent p..ts

635 視覚的な効果
a v...al e....t

636 円グラフ
a p.e c...t

637 莫大な量のデータ
a h..e a...nt of d..a

638 連続した[通し]番号
a s...al n...er

639 およその数字
an ap.......te fi...e

640 長さの単位
a u..t of le...h

631 delete an unnecessary file
[dɪlíːt]　　　　　[ʌnnésəsèri] ◀アク

632 print out a document
　　　　　　　　　[dáːkjəmənt] ◀アク

633 a PC infected by a virus
　　　　　[ɪnféktɪd]　　　　　[váɪrəs] ◀発音

634 replacement parts
[rɪpléɪsmənt]

635 a visual effect
　　　[víʒuəl]　[ɪfékt]

636 a pie chart
　　　[páɪ]　[tʃáːrt]

637 a huge amount of data
　　　[hjúːdʒ]◀発音[əmáʊnt]　　　[déɪtə]

638 a serial number
　　　[síriəl]

639 an approximate figure
　　　　[əpráːksəmət]　　　[fígjər]

640 a unit of length
　　　[júːnɪt]　　[léŋkθ] ◀発音

ともかくやってみる

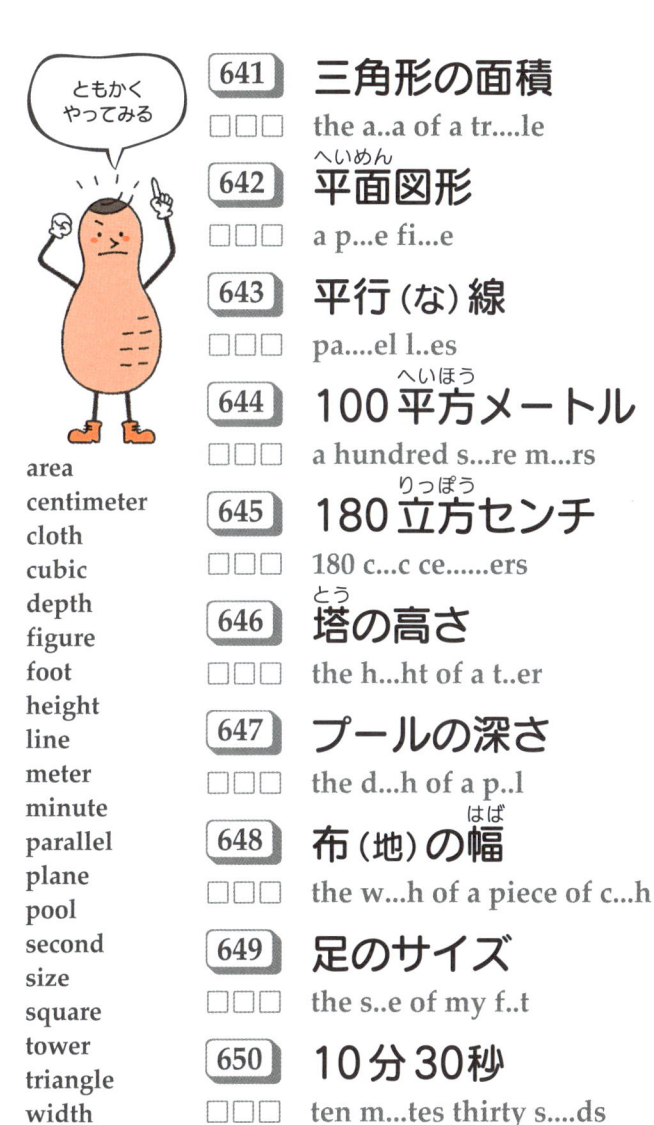

641	三角形の面積
	the a..a of a tr....le

642	平面図形（へいめん）
	a p...e fi...e

643	平行（な）線
	pa....el l..es

644	100平方メートル（へいほう）
	a hundred s...re m...rs

645	180立方センチ（りっぽう）
	180 c...c ce......ers

646	塔の高さ（とう）
	the h...ht of a t..er

647	プールの深さ
	the d...h of a p..l

648	布（地）の幅（はば）
	the w...h of a piece of c...h

649	足のサイズ
	the s..e of my f..t

650	10分30秒
	ten m...tes thirty s....ds

area
centimeter
cloth
cubic
depth
figure
foot
height
line
meter
minute
parallel
plane
pool
second
size
square
tower
triangle
width

641 **the area of a triangle**
[éəriə] ◀発音　[tráɪæ̀ŋgl] ◀アク

642 **a plane figure**
[pléɪn]

643 **parallel lines**
[pǽrəlèl] ◀アク [láɪnz]

644 **a hundred square meters**
[hʌ́ndrəd]　[skwéər]　[míːtərz]

645 **180 cubic centimeters**
[kjúːbɪk]　[séntəmìːtərz]

646 **the height of a tower**
[háɪt] ◀発音　[táuər]

647 **the depth of a pool**
[dépθ]　[púːl]

648 **the width of a piece of cloth**
[wídθ] ◀発音　[klɔ́(ː)θ] ◀発音

649 **the size of my foot**
[sáɪz]　[fút] ◀発音

650 **ten minutes thirty seconds**
[mínəts] ◀発音　[sékəndz]

英語 / English

> やったものは一度心から離す

651 同じ重さ
□□□ the s..e w...ht

652 年齢の違い
□□□ the di......ce in a.e

653 人口密度(みつど)
□□□ po.....ion d....ty

654 信頼できる統計(とうけい)
□□□ re....le st.....ics

655 最近の調査
□□□ r...nt re....ch

656 申込(もうしこみ)用紙
□□□ an ap......ion f..m

657 掲示板(けいじばん)
□□□ a bu....in b...d

658 アンケートに記入(きにゅう)する
□□□ f..l in a qu.......aire

659 スピーチのメモを取る
□□□ take n..es of a sp...h

660 個人的な日記
□□□ a pe....al d...y

age
application
board
bulletin
density
diary
difference
fill
form
note
personal
population
questionnaire
recent
reliable
research
same
speech
statistics
weight

651	**the same weight** [séɪm] [wéɪt] ◀発音
652	**the difference in age** [dífərəns] ◀アク [éɪdʒ]
653	**population density** [pà:pjəléɪʃən] ◀アク [dénsəti] ◀アク
654	**reliable statistics** [rɪláɪəbl] ◀発音 [stətístɪks] ◀アク ◀アク
655	**recent research** [rí:snt] ◀発音 [rí:sə̀:rtʃ] ◀アク
656	**an application form** [æ̀plɪkéɪʃən] [fɔ́:rm]
657	**a bulletin board** [búlətn] ◀アク [bɔ́:rd]
658	**fill in a questionnaire** [kwèstʃənéər] ◀アク
659	**take notes of a speech** [nóʊts] [spí:tʃ]
660	**a personal diary** [pə́:rsənl] [dáɪəri]

英語 / English

alphabetical	661	発表の台本（だいほん）
capital		a s...pt of a pr.......ion
contract	662	大文字（おおもじ）
correct		a c....al l...er
error	663	報告書を提出（ていしゅつ）する
expression		su...t a re...t
handwritten	664	契約書（けいやくしょ）に署名（しょめい）する
letter		s..n a co....ct
order	665	手書きの署名
presentation		a ha.......en si.....re
report	666	アルファベットの順に
script		in al........al o...r
sentence	667	つづりの間違いを訂正（ていせい）する
sign		co...ct a sp....ng e...r
signature	668	英文を翻訳（ほんやく）する
spelling		tr.....te an English se....ce
submit	669	専門的な用語
technical		a te.....al t..m
term	670	役に立つ表現
translate		a u...ul ex.....ion
useful		

ゆとりはそこから生まれます

661 **a script of a presentation**
[skrípt] [prì:zentéɪʃən] ◀アク

662 **a capital letter**
[kǽpətl] ◀アク

663 **submit a report**
[səbmít] ◀アク [rɪpɔ́:rt] ◀アク

664 **sign a contract**
[sáɪn] ◀発音 [ká:ntrækt]

665 **a handwritten signature**
[hændrítn] [sígnətʃər] ◀アク

666 **in alphabetical order**
[æ̀lfəbétɪkl] ◀アク

667 **correct a spelling error**
[kərékt] [érər]

668 **translate an English sentence**
[trǽnsleɪt] [séntns]

669 **a technical term**
[téknɪkl] ◀アク [tə́:rm]

670 **a useful expression**
[jú:sfl] [ɪkspréʃən]

ときには計画を変える勇気も必要

ability
careless
communicate
comprehension
conventional
conversation
daily
develop
example
fluently
foreign
language
listening
literal
master
meaning
mistake
phrase
sophisticated
style
typical

671 典型的な例
a t....al ex...le

672 不注意な間違いをする
make a ca....ss m....ke

673 単語の文字通りの意味
the li...al m....ng of a word

674 月並みな文句(もんく)
a co.......nal p...se

675 洗練(せんれん)された文体
a so.........ed s...e

676 外国(の言)語を習得(しゅうとく)する
m...er a fo...gn la....ge

677 英語を流(りゅう)ちょうに話す
speak English fl....ly

678 意思を通じる能力を伸ばす
de....p an a....ty to co.......te

679 聞き取りの(理解)力
li.....ng co........ion

680 日常(の)会話
d...y co.......ion

671 a typical example
[típɪkl] ◀発音 [ɪgzǽmpl] ◀アク

672 make a careless mistake
[kéərləs] [məstéɪk]

673 the literal meaning of a word
[lítərəl] [míːnɪŋ]

674 a conventional phrase
[kənvénʃənl] [fréɪz] ◀発音

675 a sophisticated style
[səfístɪkèɪtɪd] ◀アク [stáɪl]

676 master a foreign language
[mǽstər] [fáːrən] ◀発音 [lǽŋgwɪdʒ] ◀発音

677 speak English fluently
[flúːəntli] ◀発音

678 develop an ability to communicate
[dɪvéləp] ◀アク [əbíləti] ◀アク [kəmjúːnəkèɪt] ◀アク

679 listening comprehension
[kàːmprɪhénʃən] ◀アク

680 daily conversation
[déɪli] [kàːnvərséɪʃən] ◀アク

英語 / English

やる前に努力の量を決めないで！

address
broken
describe
detail
dialect
dictionary
effort
electronic
experienced
explanation
interpreter
moving
progress
public
rapid
serious
simple
speech

681 かたことの英語を話す
speak b...en English

682 経験豊富な通訳
an ex.......ed in.......er

683 電子(の)辞書
an el.....nic di......ry

684 真剣な努力をする
make a s....us e...rt

685 急速な進歩をとげる
make r...d pr....ss

686 公の[人前で]演説をする
make a p...ic s...ch

687 感動的な演説をする
make a m...ng ad...ss

688 詳細を述べる
de.....e the de...ls

689 簡単な説明
a s...le ex......ion

690 方言で話す
speak in di...ct

CD 36

681 **speak broken English**
[bróukən] ◀発音

682 **an experienced interpreter**
[ɪkspíəriənst] ◀アク [ɪntə́ːrprətər] ◀アク

683 **an electronic dictionary**
[ɪlèktrάːnɪk] ◀アク [díkʃənèri] ◀発音

684 **make a serious effort**
[síəriəs] ◀発音 [éfərt] ◀アク

685 **make rapid progress**
[rǽpɪd] [prάːgres] ◀アク

686 **make a public speech**
[pʌ́blɪk]

687 **make a moving address**
[múːvɪŋ] [ədrés] ◀アク

688 **describe the details**
[dɪskráɪb] ◀アク [díːteɪlz] ◀発音

689 **a simple explanation**
[èksplənéɪʃən] ◀アク

690 **speak in dialect**
[dáɪəlèkt] ◀アク

英語 English

最後にはすべてうまくいく

691	地方のなまりで話す
□□□	speak in a l...l ac...t

692	下手な言い訳をする
□□□	make a p..r e...se

693	期待はずれの返答
□□□	a di........ing re....se

694	よくある誤解
□□□	a co...n mi..........ding

695	話題を変える
□□□	change the su...ct

696	上司のぐちをこぼす
□□□	co....in about the b..s

697	広がっているうわさ
□□□	a s....ding r...r

698	よく知られたことわざ
□□□	a w..l-k...n pr....b

699	適切な助言
□□□	p...er a....e

700	身ぶりの言葉[手話]
□□□	s..n la....ge

accent
advice
boss
common
complain
disappointing
excuse
language
local
misunderstanding
poor
proper
proverb
response
rumor
sign
spread
subject
well-known

691 speak in a local accent
[lóʊkl] [ǽksent] ◀発音◀アク

692 make a poor excuse
[púər]◀発音[ɪkskjúːs] ◀発音◀アク

693 a disappointing response
[dìsəpɔ́ɪntɪŋ] ◀アク [rɪspɑ́ːns] ◀アク

694 a common misunderstanding
[kɑ́ːmən] ◀アク [mìsʌ̀ndərstǽndɪŋ]

695 change the subject
[sʌ́bdʒekt]

696 complain about the boss
[kəmpléɪn] [bɔ́(ː)s]

697 a spreading rumor
[sprédɪŋ] ◀発音 [rúːmər] ◀発音

698 a well-known proverb
[wélnóʊn] [prɑ́ːvəːrb] ◀アク

699 proper advice
[prɑ́ːpər]◀アク[ədváɪs] ◀発音◀アク

700 sign language
[sáɪn]◀発音[lǽŋgwɪdʒ] ◀発音

100個 一気食いへの挑戦！

挑戦日	所要時間	正答数
1 年 月 日	分 秒	/100
2 年 月 日	分 秒	/100
3 年 月 日	分 秒	/100
4 年 月 日	分 秒	/100
5 年 月 日	分 秒	/100
6 年 月 日	分 秒	/100
7 年 月 日	分 秒	/100
8 年 月 日	分 秒	/100
9 年 月 日	分 秒	/100
10 年 月 日	分 秒	/100

繰り返しは無限の喜びである

英単語つれづれ草

13. 緊急速報：棒読み禁止令が発令されました

緊急速報：棒読み禁止令が発令されました。
全国の音読学習指導者よ！ 以下の内容を掲示・流布せよ！

　音読学習が英語学習の方法として定着しているのはうれしい限りだ。しかし，受験生などの音読を見ていると，時々，音読ではなくて「棒読み」のように感じる。ただ，ノルマを決めて回数をこなすだけではダメだ。目標回数を決めるのはかまわない。でも，「正しい読み方でやった結果，回数が積もった」となるように，一回，一回を集中してやらなきゃ，意味ないよ。
　そもそも「成績を上げるために音読をしなきゃ」という発想自体が根本的に間違っている。音読は英語力を磨くためにやるのだ。英語力を磨けば成績なんか上がるに決まっている。偏差値やスコアの事なんかはしばらく忘れときゃあいい。

★棒読み禁止令★

心を込めて味わいながら読め。
読みながら作者とシンクロせよ。
意味を頭に描きながら読め。
時々止まって，内容を大まかにつかめ。
パラグラフの終わりでは，一度止まって全体を考えよ。
時には，ＣＤをまねしながら発音練習をせよ。
笑ったり，怒ったり，共感したりしながら文に反応せよ。
時々，感想を言え。

リズム感を大切にせよ。
リピーティング用のポーズのあるＣＤを使ってみよ。
テキストを見ないで，耳だけでリピーティングせよ。
その際(さい)にも意味をじっくり味わえ。
英語が話せるようになりたいという夢を持て。
身振(みぶ)り手振りをつけて音読せよ。
とにかく魂を込めて読め。

★上記を必ず実行せよ★

英語はやり方がずれていると，努力が無になってしまう，ある意味怖(こわ)い教科なのだ。「棒読み」でがんばっても，効果はない。一読入魂(いちどくにゅうこん)の精神で読むことが大事だ。回数も大事だが，やっぱり，勉強は濃(こ)さで勝負だよ。濃さで。

英単語つれづれ草

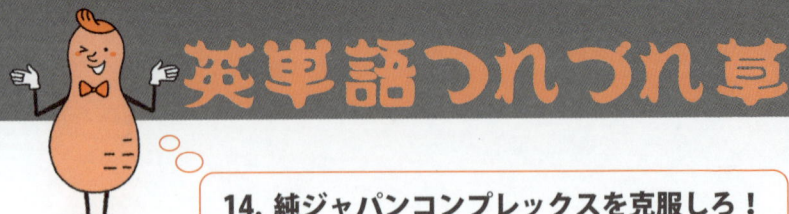

14. 純ジャパンコンプレックスを克服しろ！

　ハッキリ言って，英語に関しては，僕はコンプレックスの塊だ。僕は福岡県の公立中学と公立高校で英語を習った。田舎で浪人した末，清水かつぞーをはじめとする先生方の助けもあり，なんとか英語で有名な東京の大学に入学することができた。

　しかし，発音記号も読めないし，英語も全く宇宙語にしか聞こえない僕の前に現れたのは「帰国子女」という，生まれて初めて遭遇する人たちだった。大学受験の英語ができたくらいで，英語がある程度できると勘違いしていた僕はどん底に突き落とされた。圧倒的な差であった。とても追いつけるとは思えなかった。

　そんなこんなで，大学１年生の時は，英語から逃避して過ごしていた。さすがにそんな事ではダメだと，いくつかのきっかけから猛勉強を再開した僕の前に現れたのが，「政治経済英語特講①②」の國弘正雄先生だった。

　國弘先生の英語は，日本人が国際人としてこういう英語を話すべきだという英語を具現化してくれていた。アメリカ人のようではないけれども，非常にハッキリしたどの国の人にもわかりやすいだろうと思える英語だった。

　あるとき，アメリカの有名な上院議員と國弘正雄先生との公開パネルディスカッションが大学で行われた。アメリカの若く元気な上院議員と小さな体の國弘先生は，アメリカの様々な政治経済の問題について議論を交わした。ふだんは日本人の英語をよくバカにしていた外国人留学生や帰国子女たちもこのディスカッションには圧倒されて聞き入っていた。また，その当時，アメリカのテレビ番組で日本人としてジョークを交えて堂々として話す，大前研一氏の明快

な英語も僕に勇気を与えてくれた。

　國弘正雄先生の講義でさらにすごかったのは，その圧倒的な日本語の弁舌力だった。国会議員になられてからも，国会中継でその歯切れのよい日本語をよく拝聴することができた。

　國弘先生はその人生の多くをアメリカで過ごされたが，若い時期は日本で過ごされ，日本語の読書に没頭し，また，漢文の素読をよくされたそうである。日本語で培った知識と論理性が先生の英語力の基礎となっていることは，純ジャパニーズの僕に大いなる自信を与えてくれた。

　その國弘先生が，授業でよく語られた勉強法が只管朗読だったわけだ。また，清水かつぞー先生が國弘先生の愛弟子であったことも僕に自信を与えてくれた。

　そんなこんなで，僕はプレゼンテーションというものは，表面的な響きのよさよりも，内容で勝負するのだということに気づいた。さらに，アメリカ旅行で出会った外国人たちの英語に触れるなど，様々な経験を重ね，下手な英語だろうが，何だろうが，話す内容と人間性で勝負すべきだということを覚えた。

　もちろん，発音を常に矯正しようという努力は非常に重要である。これは絶対に過小評価してはならない。しかし，発音が不完全であることを恥じて，自分の発信したいことを語らないのは人生の無駄遣いだ。発音は英語を使いながら，直していけば良いのである。とにかく語る内容よりも大切なものはないのだから。

　日本人は「ネイティブ」という言葉に対して強烈なコンプレックスと過度なあこがれを持っていると思う。英語の本の売り場を見るとわかる。さらに，多くの日本人が「ネイティブの英語」と呼んで

いるのは「標準米語」である。米国の地域のなまり，ニュージーランドやオーストラリアの英語，時にはイギリスの英語すら許容しない人もいる。

それに加えて，日本人の発音批判癖（これに関してはアメリカ人にもそういう人がたまにいる）が日本人が英語を話すことの邪魔をしている。人の発音の表面ばかりチェックして内容を聞かない人が多いのである。

だから，僕は，学習者の皆さんには，他人の発音については絶対コメントしないようにアドバイスしている。テレビに出てくる人でも，前でしゃべっている人に関しても，その人の発音に関しては絶対にコメントしてはならない。褒めるのもダメだ。そうすると今度は自分の発音に対して意識過剰になる。

コメントして良いのは「内容」だけにする。そうするようにすると，きっと言葉が本来何のために存在しているのかが，きっと見えてくるはずだ。

しつこいようだが，発音を常に矯正する努力は非常に大切である。しかし，発音コンプレックスを発信の阻害要因にしてはならない。完璧になってから話そうというのでは，話す時期が短くなりすぎる。

頼みもしないのに，あなたの英語に関してコメントしてくるようなお節介な人たちとは付き合わなければいい。気にする必要はない。発音を常に直していこうという気持ちだけ持っていればいいのだ。コミュニケーションにおいては「内容」よりも大切なものはないのだから。

少なくとも，僕はそう考えている。

そうしないと，短い人生の中で，発信したいことを全部発信する時間がなくなってしまうよ。

英語 / English

自然

「ピー単」から読書へ

701	温暖な気候	a m..d cl...te
702	寒波が東京を襲った。	A cold w..e h.t Tokyo.
703	ひどい天気	te....le w....er
704	天気予報によれば	ac.....ng to the w....er fo....st
705	摂氏25度	twenty-five d...ees ce......de
706	零下5度	five d...ees b...w z..o
707	暴風雨警報	a s...m wa...ng
708	曇った空	a c...dy s.y
709	にわか雨にあう	get ca...t in a s...er
710	虹が現れた［出た］。	A ra....w ap...red.

according
appear
below
caught
centigrade
climate
cloudy
degree
forecast
hit
mild
rainbow
shower
sky
storm
terrible
warning
wave
weather
zero

181

CD 37

701 **a mild climate**
[máɪld] [kláɪmət]

702 **A cold wave hit Tokyo.**

703 **terrible weather**
[térəbl] [wéðər]

704 **according to the weather forecast**
[əkɔ́ːrdɪŋ] [fɔ́ːrkæst]

705 **twenty-five degrees centigrade**
[dɪgríːz] [séntəgrèɪd]

706 **five degrees below zero**
[zíərou]

707 **a storm warning**
[stɔ́ːrm] [wɔ́ːrnɪŋ]

708 **a cloudy sky**
[kláudi]

709 **get caught in a shower**
[kɔ́ːt] [ʃáuər]

710 **A rainbow appeared.**
[réɪnbòu] [əpíərd]

読書から『ピー単』へ

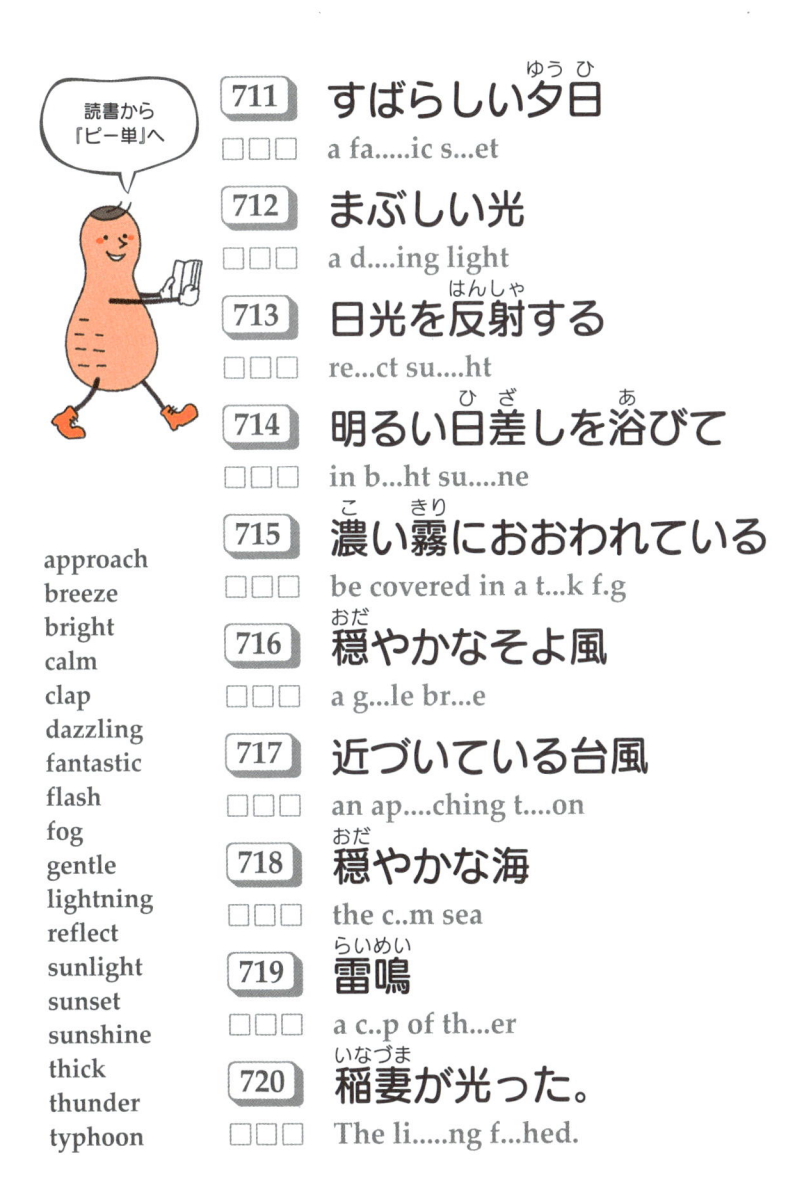

711	すばらしい夕日（ゆうひ）
	a fa.....ic s...et

712	まぶしい光
	a d....ing light

713	日光を反射（はんしゃ）する
	re...ct su....ht

714	明るい日差（ひざ）しを浴（あ）びて
	in b...ht su....ne

715	濃（こ）い霧（きり）におおわれている
	be covered in a t...k f.g

716	穏（おだ）やかなそよ風
	a g...le br...e

717	近づいている台風
	an ap....ching t....on

718	穏（おだ）やかな海
	the c..m sea

719	雷鳴（らいめい）
	a c..p of th...er

720	稲妻（いなづま）が光った。
	The li.....ng f...hed.

approach
breeze
bright
calm
clap
dazzling
fantastic
flash
fog
gentle
lightning
reflect
sunlight
sunset
sunshine
thick
thunder
typhoon

英語 English

711	**a fantastic sunset** [fæntǽstɪk] ◀ア ク[sʌ́nsèt]
712	**a dazzling light** [dǽzlɪŋ]
713	**reflect sunlight** [rɪflékt] [sʌ́nlàɪt]
714	**in bright sunshine** [bráɪt] [sʌ́nʃàɪn]
715	**be covered in a thick fog** [θík] [fɑ́ːg]
716	**a gentle breeze** [dʒéntl] [bríːz]
717	**an approaching typhoon** [əpróʊtʃɪŋ] [taɪfúːn] ◀発音◀アク
718	**the calm sea** [kɑ́ːm] ◀発音
719	**a clap of thunder** [klǽp] [θʌ́ndər]
720	**The lightning flashed.** [láɪtnɪŋ] [flǽʃt]

これを『黄金の振子』といいます

721	解(と)けた雪
	m....ng snow

722	大きな降雪[大雪] (こうせつ)
	m...r sn....ll

723	凍結(とうけつ)した道路
	an i.y r..d

724	寒さに耐(た)える
	b..r the cold

725	暑さに敏感(びんかん)だ[弱い]
	be se.....ve to h..t

726	新鮮(しんせん)な空気を吸う
	br....e f...h air

727	環境(の)汚染(おせん)
	en.........al po....ion

728	天然(の)資源(しげん)
	n....al re....ces

729	地球(の)温暖化
	g...al w....ng

730	二酸化炭素
	c...on di....e

bear
breathe
carbon
dioxide
environmental
fresh
global
heat
icy
major
melting
natural
pollution
resource
road
sensitive
snowfall
warming

CD 38

721 melting snow
[méltɪŋ]

722 major snowfall
[méɪdʒər] ◀発音

723 an icy road
[áɪsi] [róʊd] ◀発音

724 bear the cold
[béər] ◀発音　[kóʊld] ◀発音

725 be sensitive to heat
[sénsətɪv]　[híːt]

726 breathe fresh air
[bríːð] ◀発音

727 environmental pollution
[ɪnvàɪərnméntl] ◀アク　[pəlúːʃən]

728 natural resources
[ríːsɔ́ːrsɪz]

729 global warming
[glóʊbl]　[wɔ́ːrmɪŋ] ◀発音

730 carbon dioxide
[káːrbən]　[daɪáːksaɪd] ◀発音

英語 / English

> よそ見はダメ！
> 『ピー単』に
> かけること！

acid
electric
electricity
elephant
energy
energy-saving
forest
gas
greenhouse
layer
measure
nature
ozone
preserve
save
tropical
waste
wheelchair
wild

731	温室効果ガス
	gr......se g.s

732	酸性雨
	a..d rain

733	オゾン層
	the o...e l...r

734	自然を守る
	p.....ve n...re

735	熱帯(の)雨林
	tr....al rain f...st

736	野生の象
	a w..d el....nt

737	エネルギーを節約する
	s..e e...gy

738	省エネ(の)対策
	e...gy-s...ng m....res

739	電動(の)車いす
	an el....ic wh......ir

740	電気を無駄使いする
	w...e el.......ty

731	**greenhouse gas** [gríːnhàus]
732	**acid rain** [ǽsɪd] ◀発音
733	**the ozone layer** [óuzoun] [léɪər] ◀発音
734	**preserve nature** [prɪzə́ːrv] ◀アク [néɪtʃər] ◀発音◀アク
735	**tropical rain forest** [trɑ́ːpɪkl] ◀アク [fɑ́ːrəst]
736	**a wild elephant** [wáɪld] [éləfənt]
737	**save energy** [séɪv] [énərdʒi] ◀発音
738	**energy-saving measures** [méʒərz] ◀発音
739	**an electric wheelchair** [ɪléktrɪk] [wíːltʃèər]
740	**waste electricity** [wéɪst]◀発音[ɪlèktrísəti] ◀アク

#	日本語	英語
741	アルミニウムを再利用する	re...le al....um
742	ガラス瓶を再使用する	r...e glass b...les
743	排気ガス	ex...st g.s
744	低排出[低公害]（の）	l.w em....ons
745	空き缶を集める	c....ct e...y c.ns
746	原子力発電工場[所]	a n....ar p..er p...t
747	世界遺産（登録）地	a World H.....ge s..e
748	危険にさらされている[絶滅危惧]種	an en....ered s...ies
749	絶滅した昆虫	an e....ct in...t
750	食物連鎖	food c...n

aluminum
bottle
can
chain
collect
emission
empty
endangered
exhaust
extinct
gas
heritage
insect
low
nuclear
plant
power
recycle
reuse
site
species

CD 39

741 **recycle aluminum**
[rɪsáɪkl]　　[əlúmənəm] ◀発音

742 **reuse glass bottles**
[rìːjúːz]　　　[báːtlz]

743 **exhaust gas**
[ɪgzɔ́ːst] ◀発音

744 **low emissions**
[lóʊ]　[ɪmíʃənz]

745 **collect empty cans**
[kəlékt]　[émpti]

746 **a nuclear power plant**
[njúːkliər]◀アク[páʊər]　　[plǽnt]

747 **a World Heritage site**
　　　　　[hérətɪdʒ] ◀アク　[sáɪt] ◀発音

748 **an endangered species**
[ɪndéɪndʒərd]　　[spíːʃiːz] ◀発音

749 **an extinct insect**
[ɪkstíŋkt]◀アク[ínsekt]

750 **food chain**
　　　　　[tʃéɪn]

英語 / English

夏は盆踊りで『ピー単音頭』

751	生態系を壊す
□□□	d....oy the ec.....em

752	自然(の)災害(さいがい)
□□□	a n....al di....er

753	被害を受ける
□□□	s...er d...ge

754	洪水(こうずい)の被災者(ひさいしゃ)
□□□	f...d v....ms

755	堤防(ていぼう)が崩(くず)れた。
□□□	The b..k co....sed.

756	地震を予知(よち)する
□□□	p....ct an ea......ke

757	がれきを処理する
□□□	di...se of the d...is

758	放射性(ほうしゃせい)物質
□□□	ra......ive ma....als

759	火災警報器(けいほうき)を鳴らす
□□□	s...d a fire a...m

760	消防訓練
□□□	a fire d...l

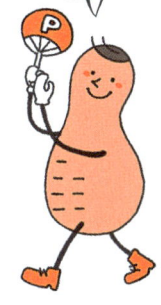

alarm
bank
collapse
damage
debris
destroy
disaster
dispose
drill
earthquake
ecosystem
flood
material
natural
predict
radioactive
sound
suffer
victim

751	**destroy the ecosystem** [dɪstrɔ́ɪ] ◀アク　　[ékousìstəm] ◀アク
752	**a natural disaster** [dɪzǽstər] ◀発音◀アク
753	**suffer damage** [sʌ́fər] ◀アク [dǽmɪdʒ] ◀発音◀アク
754	**flood victims** [flʌ́d] ◀発音 [víktɪmz]
755	**The bank collapsed.** [kəlǽpst] ◀アク
756	**predict an earthquake** [prɪdíkt] ◀アク　　[ə́ːrθkwèɪk] ◀発音
757	**dispose of the debris** [dɪspóʊz]　　　　　[dəbríː] ◀発音
758	**radioactive materials** [rèɪdiouǽktɪv]　　[mətíəriəlz] ◀アク
759	**sound a fire alarm** [sáʊnd]　　　　　[əláːrm] ◀アク
760	**a fire drill** [drɪ́l]

英語 / English

春もみんなで『ピー単音頭』

761	火を消す
	ex......sh the fire

762	その爆発の原因
	the c...e of the ex....ion

763	科学技術の発展
	the de......ent of te......gy

764	技術(の)革新 (かくしん)
	te........cal in.....ion

765	代替(だいたい)(の)エネルギー源(げん)
	al.......ve e...gy s...ce

766	電子(の)機器
	an el......ic d...ce

767	太陽(の)電池
	a s...r c..l

768	貴重な金属[貴金属] (きちょう)(ききんぞく)
	a pr....us m...l

769	研究開発
	re....ch and de......ent

770	防水の素材 (ぼうすい)(そざい)
	a wa......of m.....al

alternative
cause
cell
development
device
electronic
energy
explosion
extinguish
innovation
material
metal
precious
research
solar
source
technological
technology
waterproof

CD 40

761 extinguish the fire
[ɪkstíŋgwɪʃ] ◀発音 ◀アク

762 the cause of the explosion
[kɔ́ːz]   [ɪksplóʊʒən]

763 the development of technology
[dɪvéləpmənt] ◀アク   [teknáːlədʒi] ◀アク

764 technological innovation
[tèknəláːdʒɪkl] ◀アク   [ɪnəvéɪʃən]

765 alternative energy source
[ɔːltə́ːrnətɪv] ◀アク   [énərdʒi] ◀発音 [sɔ́ːrs] ◀発音

766 an electronic device
[ɪlèktráːnɪk] ◀アク   [dɪváɪs] ◀発音 ◀アク

767 a solar cell
[sóʊlər]   [sél]

768 a precious metal
[préʃəs] ◀発音 ◀アク

769 research and development
[ríːsəːrtʃ] ◀アク

770 a waterproof material
[wɔ́ːtərprùːf]   [mətíəriəl] ◀アク

調子が
よいときゃ
もう一押し

carefully
chemical
complete
conduct
deep-sea
discover
distance
examine
exploration
harmful
invent
investigation
measure
method
minimum
sample
standard
substance
suitable
survey
technique
toxic

771	有害な化学物質（ゆうがい）
□□□	h....ul ch....als

772	有毒な物質（ゆうどく）
□□□	a t...c su.....ce

773	新しい技術を発明する
□□□	in...t a new te.....ue

774	適切な方法を発見する
□□□	di....er a s.....le m...od

775	最低基準
□□□	the m....um st....rd

776	標本を注意深く調べる（ひょうほん）
□□□	ex....e s...les ca.....ly

777	調査を実施する（じっし）
□□□	co....t a su...y

778	距離を測る（はか）
□□□	m....re the d.....ce

779	深海探査（たんさ）
□□□	d..p-sea ex......ion

780	調査を完了する（かんりょう）
□□□	co....te an in........ion

771 harmful chemicals
[háːrmfl] [kémɪklz] ◀発音◀アク

772 a toxic substance
[táksɪk] [sʌ́bstəns] ◀アク

773 invent a new technique
[ɪnvént] [tekníːk] ◀アク

774 discover a suitable method
[dɪskʌ́vər] [súːtəbl] [méθəd]

775 the minimum standard
[mínɪməm] ◀アク [stǽndərd]

776 examine samples carefully
[ɪgzǽmən] ◀アク [sǽmplz] [kéərfəli]

777 conduct a survey
[kəndʌ́kt] ◀アク [sə́ːrveɪ]

778 measure the distance
[méʒər] ◀発音 [dístəns]

779 deep-sea exploration
[èkspləréɪʃən]

780 complete an investigation
[kəmplíːt] ◀発音◀アク [ɪnvèstəgéɪʃən]

調子が悪いときもそれなりに		
	781	人工(の)衛星 えいせい
		an ar......al sa.....te
	782	宇宙開発計画
		a s...e de......ent pr...ct
	783	ロケットを打ち上げる
		l...ch a ro...t
	784	未確認(の)飛行(する)物体[UFO]
		an un........ed flying o...ct
	785	彗星の尾 すいせい
		the t..l of a c...t
	786	地球の表面
		the s....ce of the e...h
	787	伝統的な農業
		tr.......al ag.......re
	788	野菜を栽培する さいばい
		g..w v.....bles
	789	豊かな土壌 どじょう
		r..h s..l
	790	小麦畑
		a w...t f...d

agriculture
artificial
comet
development
earth
field
grow
launch
object
project
rich
rocket
satellite
soil
space
surface
tail
traditional
unidentified
vegetable
wheat

英語 English

CD 41

| 781 | **an artificial satellite** |
| | [àːrtəfíʃəl] ◀アク [sǽtəlàɪt] ◀アク |

| 782 | **a space development project** |
| | [dɪvéləpmənt] ◀アク [práːdʒekt] |

| 783 | **launch a rocket** |
| | [lɔ́ːntʃ] ◀発音 [rɑ́ːkət] ◀発音 |

| 784 | **an unidentified flying object** |
| | [ʌnaɪdéntəfàɪd] ◀アク [áːbdʒɪkt] |

| 785 | **the tail of a comet** |
| | [téɪl] ◀発音 [kɑ́ːmɪt] |

| 786 | **the surface of the earth** |
| | [sə́ːrfəs] ◀発音 [ə́ːrθ] ◀発音 |

| 787 | **traditional agriculture** |
| | [trədíʃənl] [ǽgrɪkʌ̀ltʃər] ◀アク |

| 788 | **grow vegetables** |
| | [gróʊ] [védʒtəblz] |

| 789 | **rich soil** |
| | [sɔ́ɪl] |

| 790 | **a wheat field** |
| | [wíːt] ◀発音 [fíːld] |

英語 English

今日も元気で
いきましょう

791 稲(いね)を植える[田植えをする]
p...t r..e

792 作物を収穫(しゅうかく)する
ha...st a c..p

793 農場を経営する
r.n a f..m

794 生産性を向上させる
i....ve pr........ty

795 有機(ゆうき)(の)肥料(ひりょう)
o...nic fe......er

796 乳製品(にゅうせいひん)
d...y pr...cts

797 家畜(かちく)を飼育(しいく)する
b...d s...k

798 遺伝子操作(いでんしそうさ)
g..e ma.......ion

799 遺伝子(いでんし)(的に)組み換え(くみか)(られた)食品
ge.......ly mo....ed food

800 林業と漁業
f.....ry and f....ry

breed
crop
dairy
farm
fertilizer
fishery
forestry
gene
genetically
harvest
improve
manipulation
modified
organic
plant
product
productivity
rice
run
stock

791	**plant rice** [ráɪs]
792	**harvest a crop** [háːrvəst] ◀アク [kráːp]
793	**run a farm** [fáːrm]
794	**improve productivity** [ɪmprúːv] ◀発音 [pròʊdʌktívəti] ◀アク
795	**organic fertilizer** [ɔːrgǽnɪk] [fɚ́ːrtəlàɪzər]
796	**dairy products** [déəri] ◀発音 [práːdəkts] ◀アク
797	**breed stock** [bríːd]
798	**gene manipulation** [dʒíːn] ◀発音 [mənìpjəléɪʃən]
799	**genetically modified food** [dʒənétɪkli] ◀アク [máːdəfàɪd]
800	**forestry and fishery** [fɔ́ːrəstri] [fíʃəri]

100個 一気食いへの挑戦!

挑戦日	所要時間	正答数
1 年 月 日	分 秒	/100
2 年 月 日	分 秒	/100
3 年 月 日	分 秒	/100
4 年 月 日	分 秒	/100
5 年 月 日	分 秒	/100
6 年 月 日	分 秒	/100
7 年 月 日	分 秒	/100
8 年 月 日	分 秒	/100
9 年 月 日	分 秒	/100
10 年 月 日	分 秒	/100

繰り返しは無限の喜びである

英単語つれづれ草

15.「怪文書」

(この文章は，世間の状況や，実際の教育とは全く関係ない，娯楽として読むためのフィクションです。いかなる実在の団体や手法を批判するわけでも何でもなく，ただ笑って楽しむための娯楽小説です。)

あくまでも娯楽小説

「怪文書」

「全文和訳方式」による英語授業の省力化について
--- 英語教育を守る会

　暑い日々が続きますが，会員の皆様はお元気でお過ごしでしょうか。熱中症(ねっちゅうしょう)のニュースが毎日のように世間を騒がせております。どうぞ，お身体にお気をつけてお過ごしください。

　さて，今回のニュースレターでは，忙しい英語の先生方のために，最小の努力で授業をこなすための省力化の方法を伝授いたします。この方法を使えば，教える側の努力は最小限ですみ，授業以外のことにたっぷりと時間を確保できます。少しでも授業に費やすエネルギーを少なくするためにお役立てください。

　この方法を採用した場合，生徒は英語ができるようになりません。しかし，父母の皆さんや校長に手抜きがバレることもほとんどなく，生徒が一生懸命勉強しているように「見せる」ことができます。進学校の先生方が手抜きをするために昔から守り抜いてきた，省力化の手法です。(この文章は完全なる娯楽フィクションです。)

　この方法では，教師はほとんど作業をせず，雑用はすべて，「学習」

という名目のもとに生徒にやらせることができます。教科書の単語の意味リスト作りのような面倒な雑用は「宿題」「予習」という名のもとに，生徒にやらせます。

　生徒は大量の単語の意味調べで数時間は忙殺されます。机についている姿を見て，御父母の皆さんも，雑用をしているのではなく，英語を勉強しているのだと勘違いしてくれます。「熱心な学校」を印象づけることができるわけです。

　「なぜ意味リストを学校で配布し，効率を高めてくれないのか。」などという苦情が生徒側から出た場合には，「辞書がボロボロになるまでひくのが英語の学習だ。」「功利主義は教育の理念に反する。」などといえば，多くの場合，撃退することができます。
(この文章は完全なる娯楽フィクションです。)

　さらに生徒が勉強しているように見せるには，教科書の本文をきれいにノートに写すことを宿題にしましょう。これで，また数時間の疑似学習時間を稼ぐことができます。生徒も達成感を得て，勉強したと勘違いしてくれます。

　そして，さらに「全文和訳」をさせるわけです。これらの予習作業で忙殺されている子供を見て，御父母の皆さんはすっかり「学校はよくうちの子を勉強させてくれている。」と思いこんでくれます。日本では御父母の皆さんも英語が苦手なことが多いので，まずこれを怪しまれることはありません。
(この文章は完全なる娯楽フィクションです。)

　もしも，英語に堪能な御父母から「なんでこんな意味のない英語の学び方をするのか。」などという苦情が出た場合には，「大学受験では和訳が出る。受験英語は実用英語とは違う。大学が求めるのは

英単語つれづれ草

実用的な英語ではない。」という理論で撃退しましょう。多くの場合,御父母の皆さんは「大学受験,進学」という言葉を巧(たく)みに使えば引き下がってくれます。

その際(さい)に,実際の受験英語が今や実用的なものに変わってきている,和訳の問題は一部であるということがばれないようにします。御父母の皆さんには,昭和初期の入試問題などを参考に見ていただくとよいでしょう。(この文章は完全なる娯楽フィクションです。)

さて,授業すべてを教師がやると,大変な体力を消費します。そこで「全文和訳方式」が威力を発揮します。生徒を指名して一文ずつ訳を発表させるのです。教師は椅子に座ったままでいることができます。面白い訳が飛び出し,教室の笑いを誘うこともできるかもしれません。教師のあなたはただ指名するだけです。
(この文章は完全なる娯楽フィクションです。)

さて,生徒に発表させるだけでは,さすがに教師も退屈なので,マニュアル中の全文和訳をゆっくり読み上げ,生徒に書き取りをやらせましょう。その際に,マニュアルの文法説明を少し加えると,親切に授業をしている印象を生徒に与えることができます。

生徒は手を動かしているため,勉強していると錯覚(さっかく)をし,授業に適度な達成感を得ることができます。授業の終わりには,次の「予習」の指示を生徒に与えて,さらに生徒を忙殺(ぼうさつ)しましょう。
(この文章は完全なる娯楽フィクションです。)

この方法を使えば,教師に英語の実力は必要ありません。昨今は,英語の教師に対しての実力要求が強くなっています。しかしこの方法を使えば,かなりの高度な英文でも,教師の実力に関係なく,きちんと教えたように見せることができます。模範和訳と文法の注釈

さえあれば，予習もほとんど必要ありません。英語を話す必要は皆無です。すべてが日本語だけで完了します。
(この文章は完全なる娯楽フィクションです。)

　英語という科目に関しては，正しい学習法を覚えてしまった生徒が，教師よりもできるようになるという困った事態がたびたび生じます。しかし，この方法を使えば，生徒の実力は，努力してもさほど高まらないため，教師の実力に生徒が疑問を持つなどという事態も起こらないでしょう。

　「全文和訳」は英語教師の労力を最小限にし，生徒や父母に対しての面目(めんぼく)を保つための，最高の教授法なのです。
(この文章は完全なる娯楽フィクションです。)

　ご存じのこととは思いますが，このレターは外部に流出しないように「極秘扱い」としてください。もしも，この手抜きの方法が，世間から大々的に糾弾(きゅうだん)されてしまうと，実用的な英語を教える授業への，全面的な切り替えがなされてしまいます。

　そうすると，英語教師は日々のサブ教材の準備や発音模範の練習，授業のシミュレーション，実用英語研修などに追い回されることになります。音読や暗唱などという面倒で疲れる指導をやらなければなりません。また，TOEIC(トーイック)テストやTOEFL(トーフル)テストなどの点数を要求されることになり，日々英語を勉強しなければならなくなってしまいます。英語ができないと英語を教えることができないという最悪の事態になってしまうのです。
(この文章は完全なる娯楽フィクションです。)

　先人達が築き上げてきた英語教師の聖域を守り抜きましょう。グローバル化や実業界の要請に押されて，「全文和訳教育」の砦(とりで)を崩(くず)

してはなりません。学校や受験の英語と実用的な英語は別なのだと世間に信じさせましょう。古き良き伝統を守り抜くのです。今こそ，守る会の英語教師が団結する時です。

次回のニュースレターでは，大量のプリント課題を与えることによる省力化と課外授業のこなし方をお伝えいたします。お楽しみに。

今日の名言：「事実は小説よりも奇なり」— バイロン

(この文章は，世間の実情や，実際の教育とは全く関係ない，娯楽として読むためのフィクションです。いかなる実在の団体や手法を批判するわけでも何でもなく，ただ笑って楽しむための娯楽小説です。再度強調しておきます。この文章は完全なる娯楽フィクションです。うそっぱちです。事実としての根拠はこれっぽっちもありません。酔った著者のバカな妄想です。)

この小説の著作権は，すべて著者に帰属するものであり，本文章をあらゆる教育機関や公共の場において，複製・印刷・掲示・配布すること，またホームページ等に転載することは，全面的に許可し，奨励します。とりわけ，印刷して生徒や父母に配布することは，断じて懇願いたします。

英語 English

社会

頭にいっぱい詰め込もうとしないの

801	野心的な政治家
	an am.....us po......an

802	政治に無関心だ
	be in.......nt to p....ics

803	投票の権利［選挙権］
	the r...t to v..e

804	選挙運動
	an e....ion c....ign

805	候補者を応援する
	s....rt a ca.....te

806	競争相手を破る
	b..t my r...ls

807	最新の世論調査
	the l...st p..l

808	民主（の）（政）党
	the De.....tic P...y

809	地方の政府機関［地方自治体］
	a l...l go......nt

810	市議会に出席する
	at...d the city c....il m....ng

ambitious
attend
beat
campaign
candidate
council
democratic
election
government
indifferent
latest
local
meeting
party
politician
politics
poll
right
rival
support
vote

CD 42

801 an ambitious politician
[æmbíʃəs] ◀アク [pàːlətíʃən] ◀アク

802 be indifferent to politics
[ɪndífərnt] ◀アク [páːlətɪks] ◀アク

803 the right to vote
[ráɪt] [vóʊt]

804 an election campaign
[ɪlékʃən] [kæmpéɪn] ◀発音

805 support a candidate
[səpɔ́ːrt] [kǽndədèɪt] ◀アク

806 beat my rivals
[bíːt] [ráɪvlz]

807 the latest poll
[léɪtɪst] [póʊl]

808 the Democratic Party
[dèməkrǽtɪk] ◀アク

809 a local government
[lóʊkl] [gʌ́vərnmənt] ◀発音 ◀アク

810 attend the city council meeting
[əténd] [káʊnsl]

一度覚えても忘れることもあるのです

811	政治(の)問題を議論する
	d....ss po.....al i...es

812	法案を通過させる(つうか)
	p..s a b..l

813	国際社会
	in........nal s....ty

814	世界平和に貢献(こうけん)する
	co......te to world p...e

815	開発途上(とじょう)(の)国
	a de......ng n...on

816	核(かく)兵器
	a n....ar w...on

817	原子(力の)爆弾(ばくだん)
	an a...ic b..b

818	軍事的な行動
	a m.....ry a...on

819	テロリストの攻撃[テロ攻撃]
	a te.....st a...ck

820	領土(りょうど)を獲得(かくとく)する
	ac...re a te.....ry

acquire
action
atomic
attack
bill
bomb
contribute
developing
discuss
international
issue
military
nation
nuclear
pass
peace
political
society
territory
terrorist
weapon

英語
English

811 **discuss political issues**
[dɪskʌ́s] ◀アク [pəlítɪkl] ◀アク [íʃuːz] ◀発音 ◀アク

812 **pass a bill**

813 **international society**
[ìntərnǽʃənl] [səsáɪəti] ◀発音 ◀アク

814 **contribute to world peace**
[kəntríbjuːt] ◀アク [píːs]

815 **a developing nation**
[dɪvéləpɪŋ] ◀アク [néɪʃən]

816 **a nuclear weapon**
[njúːkliər] ◀アク [wépən] ◀発音

817 **an atomic bomb**
[ətɑ́ːmɪk] ◀アク [bɑ́ːm] ◀発音

818 **a military action**
[mílətèri] [ǽkʃən]

819 **a terrorist attack**
[térərɪst] [ətǽk]

820 **acquire a territory**
[əkwáɪər] ◀発音 [térətɔ̀ːri] ◀アク

記憶とは発散なり、わかるかな	821	国境紛争 a b...er d....te
	822	戦争を生き延びる s....ve a w.r
	823	平和を祈る p..y for p...e
	824	財政的な援助を申し出る o...r fi.....al a.d
aid border consult dispute financial freedom invade law lawyer legal observe offer peace pray privacy procedure regulation religion survive violate war	825	法律を守る o....ve a l.w
	826	規則に違反する v....te a re.....ion
	827	弁護士に相談する co...lt a l...er
	828	法的な手続き l...l pr.....res
	829	他人のプライバシーを侵害する in...e other people's p....cy
	830	宗教[信仰]の自由 fr....m of r.....on

CD 43

821 a border dispute
[bɔ́ːrdər] [dɪspjúːt] ◀アク

822 survive a war
[sərváɪv] ◀アク [wɔ́ːr] ◀発音

823 pray for peace
[préɪ]

824 offer financial aid
[ɔ́(ː)fər] ◀アク [fənǽnʃl] ◀アク [éɪd]

825 observe a law
[əbzə́ːrv] [lɔ́ː] ◀発音

826 violate a regulation
[váɪəlèɪt] [règjəléɪʃən]

827 consult a lawyer
[kənsʌ́lt] [lɔ́ːjər] ◀発音

828 legal procedures
[líːgl] ◀発音 [prəsíːdʒərz] ◀発音 ◀アク

829 invade other people's privacy
[ɪnvéɪd] [práɪvəsi]

830 freedom of religion
[fríːdəm] [rɪlídʒən] ◀発音 ◀アク

英語 English

あともう少し
やれそうかな

831	その広告会社を告訴（こくそ）する
□□□	s.e the ad.......ng company

832	協会を設立する
□□□	f...d an in.....te

833	最高(の)裁判所
□□□	the S....me C...t

834	死刑判決を受ける
□□□	r....ve a d...h se....ce

835	警察に通報（つうほう）する
□□□	r....t to the p....e

836	殺人事件を調査（ちょうさ）する
□□□	in.......te a m...er c..e

837	容疑者（ようぎしゃ）の指紋（しもん）を取る
□□□	take a s....ct's fi......ints

838	市民を犯罪から守る
□□□	p....ct c....ens from c...e

839	犯人を逮捕（たいほ）する
□□□	ar...t a c....nal

840	消費税（しょうひぜい）
□□□	co......ion t.x

advertising
arrest
case
citizen
consumption
court
crime
criminal
death
fingerprint
found
institute
investigate
murder
police
protect
receive
report
sentence
sue
supreme
suspect
tax

| 831 | **sue the advertising company** |
[sjúː] ◀発音 [ǽdvərtàızıŋ] ◀アク

| 832 | **found an institute** |
[fáund] ◀発音 [ínstətjùːt] ◀アク

| 833 | **the Supreme Court** |
[su(ː)príːm]◀発音◀アク[kɔ́ːrt]

| 834 | **receive a death sentence** |
[rısíːv] [déθ] ◀発音 [séntns]

| 835 | **report to the police** |
[rıpɔ́ːrt] ◀アク [pəlíːs] ◀アク

| 836 | **investigate a murder case** |
[ınvéstəgèıt] ◀アク [mə́ːrdər] [kéıs]

| 837 | **take a suspect's fingerprints** |
[sʌ́spekts] [fíŋgərprìnts]

| 838 | **protect citizens from crime** |
[prətékt] [sítəznz] ◀アク [kráım]

| 839 | **arrest a criminal** |
[ərést] [krímənl] ◀発音

| 840 | **consumption tax** |
[kənsʌ́mpʃən] [tǽks]

英語 / English

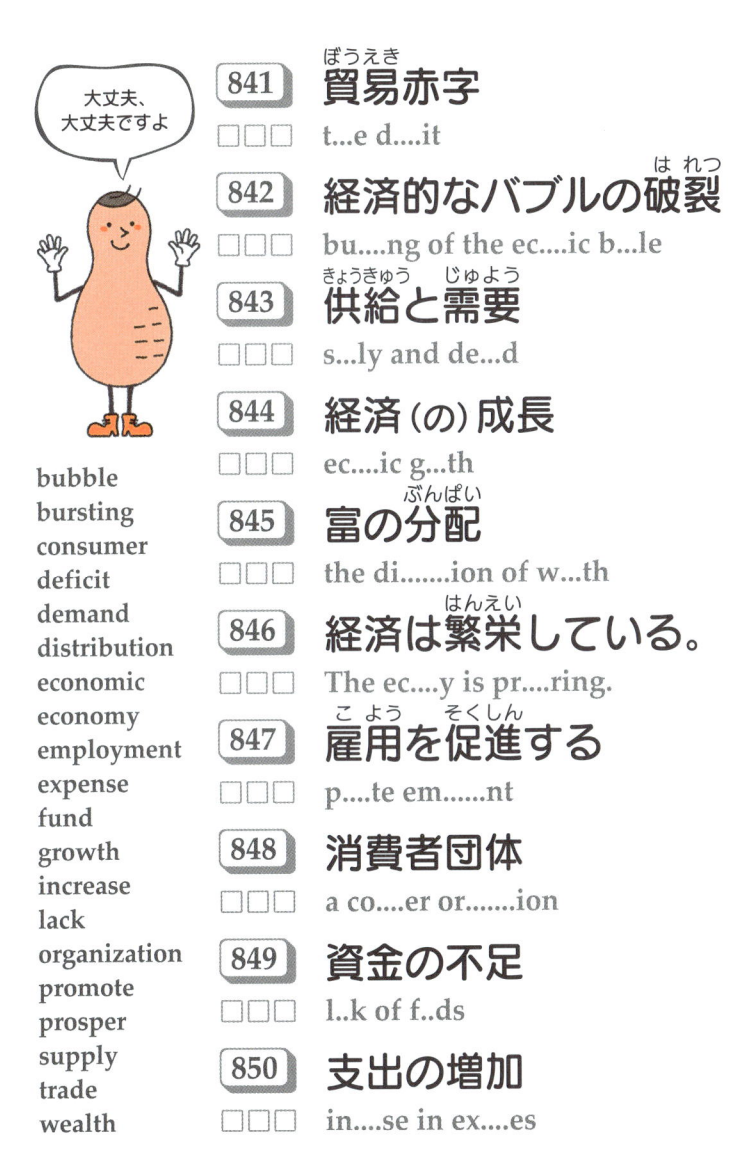

大丈夫、大丈夫ですよ

841 貿易赤字（ぼうえき）
□□□ t...e d....it

842 経済的なバブルの破裂（はれつ）
□□□ bu....ng of the ec....ic b...le

843 供給と需要（きょうきゅう）（じゅよう）
□□□ s...ly and de...d

844 経済（の）成長
□□□ ec....ic g...th

845 富の分配（ぶんぱい）
□□□ the di.......ion of w...th

846 経済は繁栄している。（はんえい）
□□□ The ec....y is pr....ring.

847 雇用を促進する（こよう）（そくしん）
□□□ p....te em......nt

848 消費者団体
□□□ a co....er or.......ion

849 資金の不足
□□□ l..k of f..ds

850 支出の増加
□□□ in....se in ex....es

bubble
bursting
consumer
deficit
demand
distribution
economic
economy
employment
expense
fund
growth
increase
lack
organization
promote
prosper
supply
trade
wealth

日本語 / Japanese

CD 44

841 **trade deficit**
[tréɪd] [défəsɪt] ◀アク

842 **bursting of the economic bubble**
[bə́ːrstɪŋ] [èkəná:mɪk]◀アク[bʌ́bl]

843 **supply and demand**
[səpláɪ] ◀発音◀アク [dɪmǽnd] ◀アク

844 **economic growth**
[gróʊθ]

845 **the distribution of wealth**
[dìstrəbjúːʃən] ◀アク [wélθ]

846 **The economy is prospering.**
[ɪkáːnəmi] ◀アク [práːspərɪŋ] ◀アク

847 **promote employment**
[prəmóʊt] [ɪmplɔ́ɪmənt] ◀アク

848 **a consumer organization**
[kənsjúːmər] [ɔ̀ːrɡənəzéɪʃən]

849 **lack of funds**
[lǽk] [fʌ́ndz] ◀発音

850 **increase in expenses**
[ínkriːs] ◀発音◀アク [ɪkspénsɪz] ◀アク

英語 / English

ここで投げたらもったいない

| 851 | 予算の減少 |
| de....se in the b...et |

| 852 | 労働の費用[人件費]を削減する |
| r...e l...r c..ts |

| 853 | 総計の利益[粗利益] |
| g...s pr...t |

| 854 | 大量生産 |
| m..s pr.....ion |

| 855 | 製造(産)業 |
| ma.........ng in....ry |

| 856 | 大手の自動車メーカー |
| a l....ng car ma.......rer |

| 857 | 自動車工場 |
| an a..o f....ry |

| 858 | 品質管理 |
| q....ty c....ol |

| 859 | 産業(の)廃棄物 |
| in......al w...e |

| 860 | 建設現場 |
| a co.......ion s..e |

auto
budget
construction
control
cost
decrease
factory
gross
industrial
industry
labor
leading
manufacturing
manufacturer
mass
production
profit
quality
reduce
site
waste

851 **decrease in the budget**
[díːkriːs]　　　　　　　[bádʒət] ◀発音 ◀アク

852 **reduce labor costs**
[rɪdjúːs] ◀アク [léɪbər] ◀発音

853 **gross profit**
[práːfət] ◀アク

854 **mass production**

855 **manufacturing industry**
[mæ̀nəfǽktʃərɪŋ] ◀アク　　[índəstri] ◀アク

856 **a leading car manufacturer**
[líːdɪŋ]　　　　[mæ̀nəfǽktʃərər] ◀アク

857 **an auto factory**
[ɔ́ːtou] ◀発音 [fǽktəri]

858 **quality control**
[kwáːləti] ◀アク [kəntróul] ◀アク

859 **industrial waste**
[ɪndʌ́striəl] ◀アク　[wéɪst] ◀発音

860 **a construction site**
[kənstrʌ́kʃən]　　　　[sáɪt] ◀発音

あせって、勝った人はいない

861	現代(の)建築
	m...rn ar........re

862	民族(の)集団
	an et...c g...p

863	人種(的な)差別
	r...al di.........ion

864	西洋の生活様式
	the W....rn li.....le

865	不法な移民者
	an i....al im.....nt

866	労働力[人手]不足
	l...r s.....ge

867	失業率
	the un.......ent r..e

868	社会(的な)福祉
	s...al w....re

869	高齢化(している)社会
	an a..ng s....ty

870	繁栄する未来を創造する
	c...te a pr......us f...re

aging
architecture
create
discrimination
ethnic
future
group
illegal
immigrant
labor
lifestyle
modern
prosperous
racial
rate
shortage
social
society
unemployment
welfare
Western

CD 45

861 modern architecture
[máːdərn] [áːrkətèktʃər] ◀発音 ◀アク

862 an ethnic group
[éθnɪk] [grúːp] ◀発音

863 racial discrimination
[réɪʃəl] [dɪskrìmənéɪʃən]

864 the Western lifestyle
[wéstərn] [láɪfstàɪl]

865 an illegal immigrant
[ɪlíːgl] [ímɪgrənt] ◀アク

866 labor shortage
[léɪbər] [ʃɔ́ːrtɪdʒ] ◀発音

867 the unemployment rate
[ʌ̀nɪmplɔ́ɪmənt] ◀アク [réɪt]

868 social welfare
[sóʊʃəl] [wélfèər] ◀アク

869 an aging society
[éɪdʒɪŋ] [səsáɪəti] ◀発音 ◀アク

870 create a prosperous future
[kriéɪt] ◀発音 [práːspərəs] ◀アク [fjúːtʃər]

英語 / English

はじめから、かんぺきなんて人いないよ

871	高齢の人々を介護する
	n...e e....ly people

872	世代の差を感じる
	feel the ge.....ion g.p

873	一般(の)大衆
	the g....al p...ic

874	中年の主婦
	a m...le-a..d ho.....fe

875	教育(の)改革
	e........al r...rm

876	ボランティア(の)活動
	a vo.....er ac....ty

877	慈善事業に寄付する
	d....e to ch....y

878	労働条件
	wo...ng c.....ions

879	基本の給料[基本給]
	the b...c p.y

880	時間外に勤務[残業]する
	work o.....me

activity
basic
charity
condition
donate
educational
elderly
gap
general
generation
housewife
middle-aged
nurse
overtime
pay
public
reform
volunteer
working

871 **nurse elderly people**
[nə́ːrs] [éldərli]

872 **feel the generation gap**
[dʒènəréɪʃən] ◀アク

873 **the general public**
[dʒénərəl]

874 **a middle-aged housewife**
[háuswàɪf]

875 **educational reform**
[èdʒəkéɪʃnl] ◀アク [rɪfɔ́ːrm]

876 **a volunteer activity**
[vàːləntíər] ◀アク [æktívəti]

877 **donate to charity**
[dóuneɪt] [tʃǽrəti]

878 **working conditions**
[kəndíʃənz]

879 **the basic pay**
[béɪsɪk]◀アク[péɪ]

880 **work overtime**
[óuvərtàɪm]

英語 / English

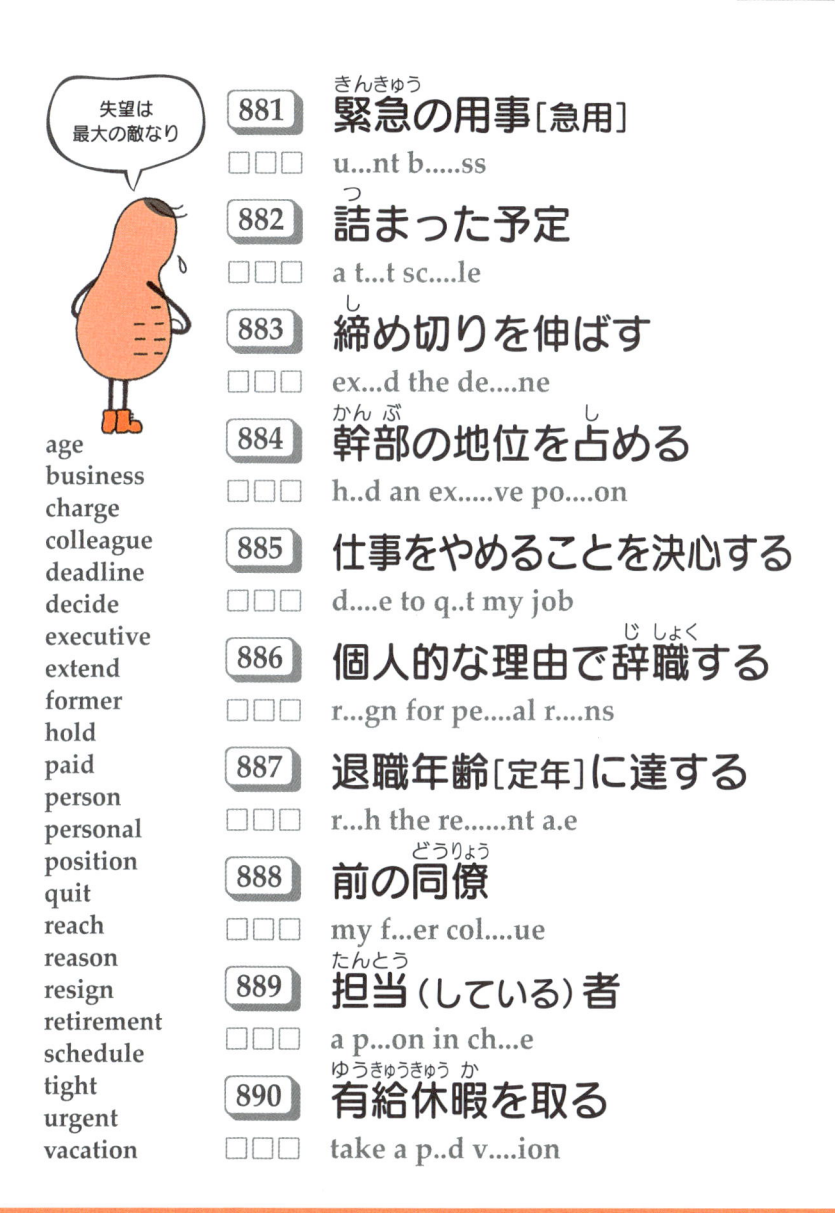

失望は最大の敵なり

age
business
charge
colleague
deadline
decide
executive
extend
former
hold
paid
person
personal
position
quit
reach
reason
resign
retirement
schedule
tight
urgent
vacation

881 緊急(きんきゅう)の用事[急用]
u...nt b.....ss

882 詰(つ)まった予定
a t...t sc...le

883 締(し)め切りを伸ばす
ex...d the de....ne

884 幹部(かんぶ)の地位を占(し)める
h..d an ex.....ve po....on

885 仕事をやめることを決心する
d....e to q..t my job

886 個人的な理由で辞職(じしょく)する
r...gn for pe....al r....ns

887 退職年齢[定年]に達する
r...h the re......nt a.e

888 前の同僚(どうりょう)
my f...er col....ue

889 担当(たんとう)(している)者
a p...on in ch...e

890 有給休暇(ゆうきゅうきゅうか)を取る
take a p..d v....ion

881 urgent business
[ə́:rdʒənt] ◀アク[bíznəs]

882 a tight schedule
[táit] ◀発音 [skédʒu:l] ◀発音

883 extend the deadline
[iksténd] [dédlàin]

884 hold an executive position
[igzékjətiv] ◀発音 [pəzíʃən]

885 decide to quit my job
[disáid] [kwít] ◀発音

886 resign for personal reasons
[rizáin] ◀発音 [rí:znz]

887 reach the retirement age
[rí:tʃ] [ritáiərmənt]

888 my former colleague
[fɔ́:rmər] [ká:li:g] ◀発音◀アク

889 a person in charge
[pə́:rsn] [tʃá:rdʒ]

890 take a paid vacation
[péid] [veikéiʃən] ◀発音

なんでも
いいから、
笑ってみよう

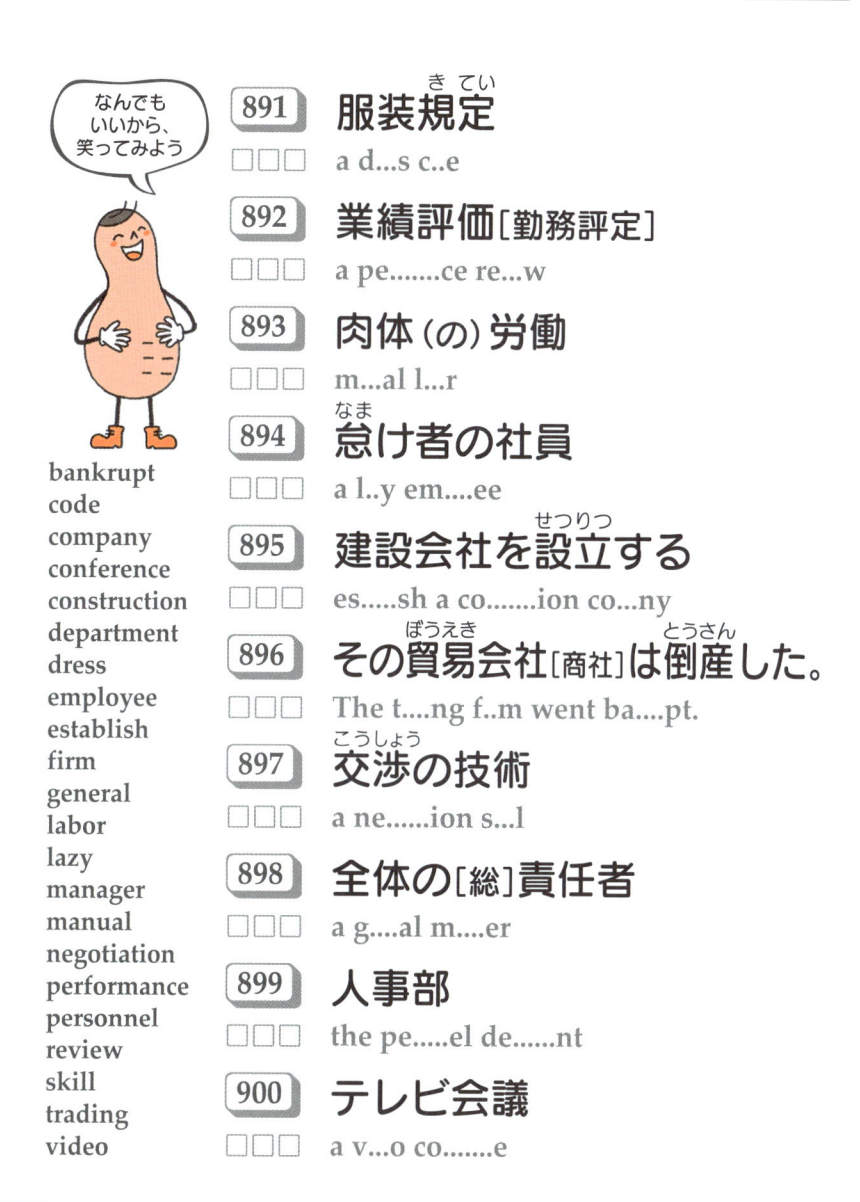

bankrupt
code
company
conference
construction
department
dress
employee
establish
firm
general
labor
lazy
manager
manual
negotiation
performance
personnel
review
skill
trading
video

891	服装規定(きてい)
☐☐☐	a d...s c..e

892	業績評価［勤務評定］
☐☐☐	a pe.......ce re...w

893	肉体(の)労働
☐☐☐	m...al l...r

894	怠(なま)け者の社員
☐☐☐	a l..y em....ee

895	建設会社を設立(せつりつ)する
☐☐☐	es.....sh a co.......ion co...ny

896	その貿易(ぼうえき)会社［商社］は倒産(とうさん)した。
☐☐☐	The t....ng f..m went ba....pt.

897	交渉(こうしょう)の技術
☐☐☐	a ne......ion s...l

898	全体の［総］責任者
☐☐☐	a g....al m....er

899	人事部
☐☐☐	the pe.....el de......nt

900	テレビ会議
☐☐☐	a v...o co.......e

891 a dress code
[kóʊd]

892 a performance review
[pərfɔ́ːrməns] ◀アク [rɪvjúː]

893 manual labor
[mǽnjuəl] [léɪbər]

894 a lazy employee
[léɪzi]◀発音[ɪmplɔ́ɪiː]

895 establish a construction company
[ɪstǽblɪʃ] ◀アク [kənstrʌ́kʃən]

896 The trading firm went bankrupt.
[tréɪdɪŋ]   [fɔ́ːrm] ◀発音 [bǽŋkrʌpt]◀アク

897 a negotiation skill
[nəgòʊʃiéɪʃən]

898 a general manager
[mǽnɪdʒər] ◀発音

899 the personnel department
[pə̀ːrsənél] ◀アク [dɪpáːrtmənt] ◀アク

900 a video conference
[káːnfərəns] ◀アク

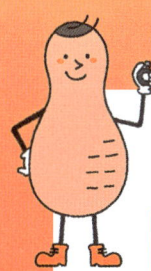

100個 一気食いへの挑戦！

挑戦日	所要時間	正答数
1 年 月 日	分 秒	/100
2 年 月 日	分 秒	/100
3 年 月 日	分 秒	/100
4 年 月 日	分 秒	/100
5 年 月 日	分 秒	/100
6 年 月 日	分 秒	/100
7 年 月 日	分 秒	/100
8 年 月 日	分 秒	/100
9 年 月 日	分 秒	/100
10 年 月 日	分 秒	/100

繰り返しは無限の喜びである

16. 空想小説：A君とB君の体験談

A：仕事が終わって，飲んだり食べたりしているうちにすっかり太ってしまった。

B：高校を卒業して，怠けているうちにすっかり英語ができなくなってしまった。

A：ダイエットをしなければいけないとはわかっているが，夜に食べることはやめたくない。

B：英語を勉強しなければならないと思うが，本気で努力してまではやりたくない。

A：そんなある日，広告で「食べながら，ラクラク，すぐに痩せる，カエル運動」を発見した。

B：そんなある日，広告で「勉強せずに，ラクラク，すぐに話せる，カワル学習」を発見した。

A：価格は，月割りで5千円くらいだし，失敗したら，返却できるらしいので，とりあえず申し込んだ。

B：価格は，月々5千円くらいだし，失敗すればやめればいいと思い，とりあえず1回分を自動継続で申し込んだ。

A：最初の一ヶ月，ブックレットを読み，毎日テレビを見ながら，カエル運動をやってみた。体重は変わらないが，なんか体が軽くなったような気がした。

B：最初の一ヶ月，ブックレットを読み，毎日家事をしながら，カワル学習をやってみた。なんか英語ができるようになった気がした。

A：なんとなく面倒になり，徐々にカエル運動をやらなくなった。でもまたちゃんとやろうと思ってテレビの前に置いておいた。

B：なんとなく面倒になり，徐々にカワル学習をやらなくなった。でもまたちゃんとやろうと思って食卓の上に置いておいた。

A：結局，支払いが終わった頃には全くやらなくなった。結局体重は少し増えた。

B：結局，支払いが終わった頃には全くやらなくなった。結局英語はさっぱり話せるようにならなかった。

A：押し入れにカエル運動を片付け，なかったことにした。

B：押し入れにカワル学習を片付け，なかったことにした。

A：一年後，このことはすっかり忘れてしまった。

B：一年後，このことはすっかり忘れてしまった。

A：二年後の春，体重は変わっていなかった。何とかしなければならないとあせっていた。

B：二年後の春，英語をますます忘れていた。何とかしなければならないとあせっていた。

A：テレビで，食べながら痩せた人の話をやっていた。どこかの大学の博士が語っていて，信頼できそうだと思った。

B：テレビで，簡単に英語をマスターした人の話をやっていた。どこかの大学の博士が語っていて，信頼できそうだと思った。

A：とりあえず，セットを申し込んでみた。

B：とりあえず，セットを申し込んでみた。

A：やっぱりダメだった。

B：やっぱりダメだった。

✦✦✦✦✦✦✦✦✦✦✦✦✦✦✦✦✦✦ 決 意 ✦✦✦✦✦✦✦✦✦✦✦✦✦✦✦✦✦✦

A：テレビや新聞の広告は信じないことにした。そして，一番厳しいことが書いてある，栄養学に基づいた本を信じて，食事のコントロールと運動を毎日続けた。ときに仲間たちと励まし合った。

B：テレビや新聞の広告は信じないことにした。そして，一番厳しいことが書いてある，ピー君の表紙の本を信じて，毎日只管朗読（しかんろうどく）や，音読筆写（おんどくひっしゃ）に打ち込んで勉強した。ときに仲間たちと励まし合った。

A：一年後，晴れてスリムな自分を手に入れた。そしてきちんとした食事が習慣となった。

B：一年後，晴れて英語がかなりできるようになってきた。そしてきちんとした学習習慣が身についた。

英単語つれづれ草

17. ライバルになりた〜い！

　野球リーグでぼろ負けして最下位になったチームが「でもうちはパスだけはすごいんです。」とか「グローブだけは立派なんです。」とか必死に言い訳しているのは見苦しい。審判が悪い，ルールが悪いと騒いでも，残念ながら，負けは負けだ。

　韓国と日本は，野球やサッカーではいいライバルだ。しかし，英語の実力となると，韓国に雲泥(うんでい)の差をつけられてしまった。TOEIC(トーイック)やTOEFL(トーフル)などの国際比較でも大きな差がついている。人口が半分以下の韓国の方が，受験者が多いにもかかわらずだ。

　こんな国際比較の話を持ち出すと，必ず耳にするのが，「いや，日本人は文法力では負けてない。」とか「細かいところを分析する力は日本の方が上だ。」という議論だ。でも試合では完全に負けているわけだし，TOEICやTOEFLがよくないとルールにいちゃもんをつけるのも見苦しい。

　韓国は韓国で，いろいろ問題はあるのだろうが，語学教育に関しては日本よりはるかに成功している。僕が初めて訪問した20年くらい前の韓国人の英語力は，日本と変わらなかったのに。

　韓国は経済の破綻(はたん)をきっかけに英語教育を改革することを国是(こくぜ)とした。個別の大学に勝手な問題を作らせないで，音声と速読を中心とし，実用的な英語を試す試験，つまり，TOEFLやTOEIC，独自のTEPSなどの，ローカル言語（地元の言語，韓国ではローカル言語が韓国語，日本のローカル言語は日本語）を使わない試験を入試にどんどん取り入れた。今では,全国の数百の高校にコンピュータテストセンターがあり，RWSLの4技能をバランス良く測定するNEATという資格試験で大学入試の判定がされるようになった。

ローカル言語の韓国語はテストではほとんど使用されない。ローカル言語とマニアックな問題満載でRばかりを試す日本の入試とは大違いである。

　TOEICテストのバランスの悪さにもいち早く気がつき，TOEICスピーキングテストが，企業ではどんどん導入され，日本の数十倍の人が受験している。

　この大きな流れの中では，中学生も，高校生も，大学生も，社会人も4技能をバランス良く学ばざるを得ない。そうしないと評価されないのだから。

　「テストのために英語を学ぶのは良いのかどうか。」という議論をし始めると，哲学問答(もんどう)になり，変革に何十年もかかるだろう。でも，テストの仕組みを変える応急処置をすれば，まずは，隣(となり)の国にかなり追いつけるし，それなりにみんなが英語を話せるようになるだろう。哲学問答はそれからやればよい。

　「ピーナツ」で発信力を身につける諸君は，大学入試など蹴散(けち)らして，韓国と戦う日本代表選手だ。音読学習で真の英語力を磨(みが)いて勝負に備えろ！

　待ってろよ！　韓国！　英語でもライバルになってやるぜ！

18. 歌って楽しく！

　僕は昔から，カラオケで洋楽を歌うのは，最強の英語の学習法だと信じている。というのも，英語学習のすべての過程がカラオケには入っているからだ。

　まずは，たくさん曲を聴かなければならない。リスニングだ。そして，聞こえないところは歌詞カードでチェックする。これは「精聴学習」の基本だ。今度は，歌を聴いて模写しなければならない。これはリピーティングだ。歌詞カードを見ながらいっしょに歌えばアイ・シャドウイング，そして見ないでちょっと遅れてまねすれば，シャドウイング。そして，歌詞を覚えれば，文例暗唱だ。ちゃんと歌うためには，歌詞の意味を理解しなければならないから，直読直解も必要だ。最後は，歌詞を見ないで歌えるようにする。これは全文の暗唱，つまりリプロダクションだ。

　マニアックな理屈を研究しているヒマがあったら，カラオケボックスに通いつめた方がよっぽど英語はできるようになるよね。「ピー単」もカラオケみたいに勉強してね。

　でも，僕は今，韓流バラードばっかり歌ってるけどね。

英語 English

> さあ、笑ってラストスパートです

その他

901 さまざまな考えを比較する
co...re v....us i..as

902 正確な知識
e...t kn.....ge

903 実用的な見地(けんち)から
from a p.....cal vi.....nt

904 建設的な意見
a co........ve o....on

905 楽観的な見方
an op......ic v..w

906 率直(そっちょく)な批判(ひはん)
a f...k cr.....sm

907 証拠(しょうこ)を手に入れる
o...in ev....ce

908 かなり(の)有利な点
a co........le a......ge

909 慎重(しんちょう)な判断
a ca...ul ju....nt

910 論理的(ろんりてき)な結論
a l....al co.....ion

advantage
careful
compare
conclusion
considerable
constructive
criticism
evidence
exact
frank
idea
judgment
knowledge
logical
obtain
opinion
optimistic
practical
various
view
viewpoint

CD 47

901 compare various ideas
[kəmpéər] ◀発音 [véəriəs] ◀発音 [aɪdíːəz] ◀発音

902 exact knowledge
[ɪgzækt]◀ア ク[náːlɪdʒ] ◀発音

903 from a practical viewpoint
[præktɪkl] ◀ア ク [vjúːpɔ̀ɪnt] ◀ア ク

904 a constructive opinion
[kənstrʌ́ktɪv] [əpínjən] ◀ア ク

905 an optimistic view
[ɑ̀ːptəmístɪk]

906 a frank criticism
[krítəsìzm]

907 obtain evidence
[əbtéɪn] [évədəns] ◀ア ク

908 a considerable advantage
[kənsídərəbl] ◀ア ク [ədvæntɪdʒ] ◀ア ク

909 a careful judgment
[kéərfl] [dʒʌ́dʒmənt]

910 a logical conclusion
[lɑ́ːdʒɪkl]◀ア ク[kənklúːʒən] ◀発音

英語 / English

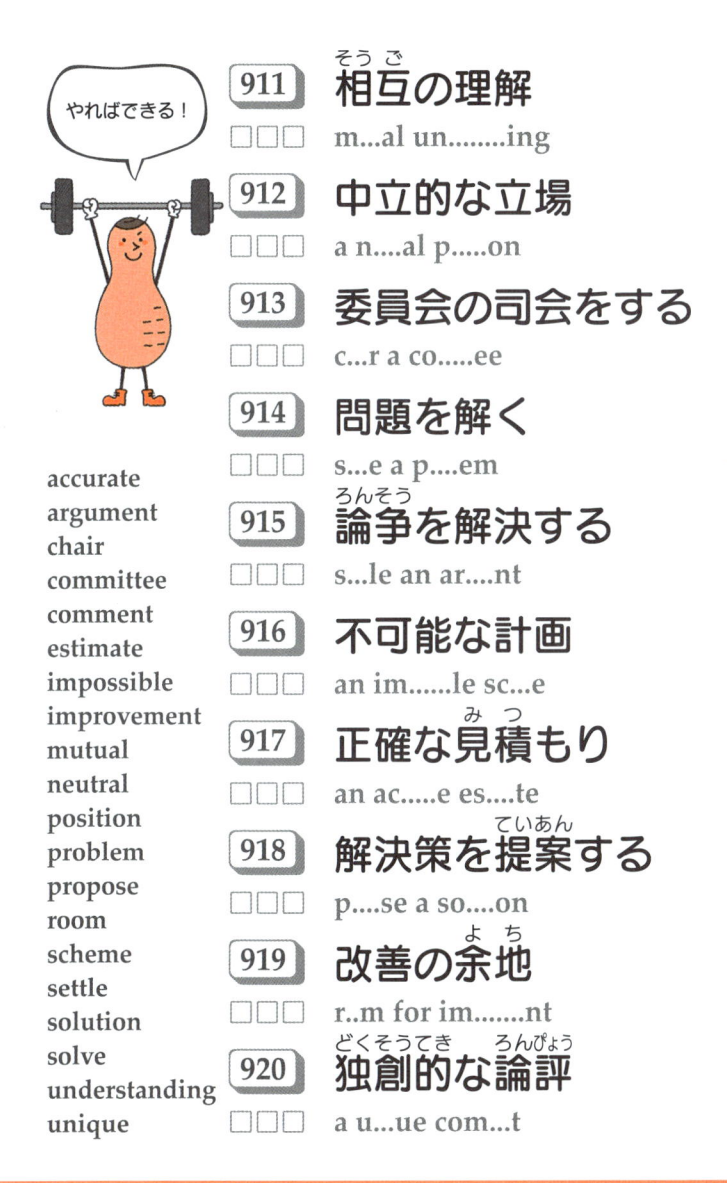

やればできる！

accurate
argument
chair
committee
comment
estimate
impossible
improvement
mutual
neutral
position
problem
propose
room
scheme
settle
solution
solve
understanding
unique

911 相互（そうご）の理解
m...al un........ing

912 中立的な立場
a n....al p.....on

913 委員会の司会をする
c...r a co.....ee

914 問題を解く
s...e a p....em

915 論争（ろんそう）を解決する
s...le an ar....nt

916 不可能な計画
an im......le sc...e

917 正確な見積（みつ）もり
an ac.....e es....te

918 解決策を提案（ていあん）する
p....se a so....on

919 改善の余地（よち）
r..m for im.......nt

920 独創的（どくそうてき）な論評（ろんぴょう）
a u...ue com...t

911 **mutual understanding**
[mjúːtʃuəl] ◀発音◀アク

912 **a neutral position**
[njúːtrəl] ◀発音

913 **chair a committee**
[tʃéər]　[kəmíti] ◀アク

914 **solve a problem**
[sάːlv]　[prάːbləm]

915 **settle an argument**
[sétl]　[άːrɡjəmənt] ◀発音◀アク

916 **an impossible scheme**
[ɪmpάːsəbl]　[skíːm] ◀発音

917 **an accurate estimate**
[ǽkjərət] ◀アク [éstəmət] ◀アク

918 **propose a solution**
[prəpóuz]　[səlúːʃən]

919 **room for improvement**
[ɪmprúːvmənt] ◀発音◀アク

920 **a unique comment**
[juː(ː)níːk]◀発音 [kάːment] ◀アク
　　　　　◀アク

英語 English

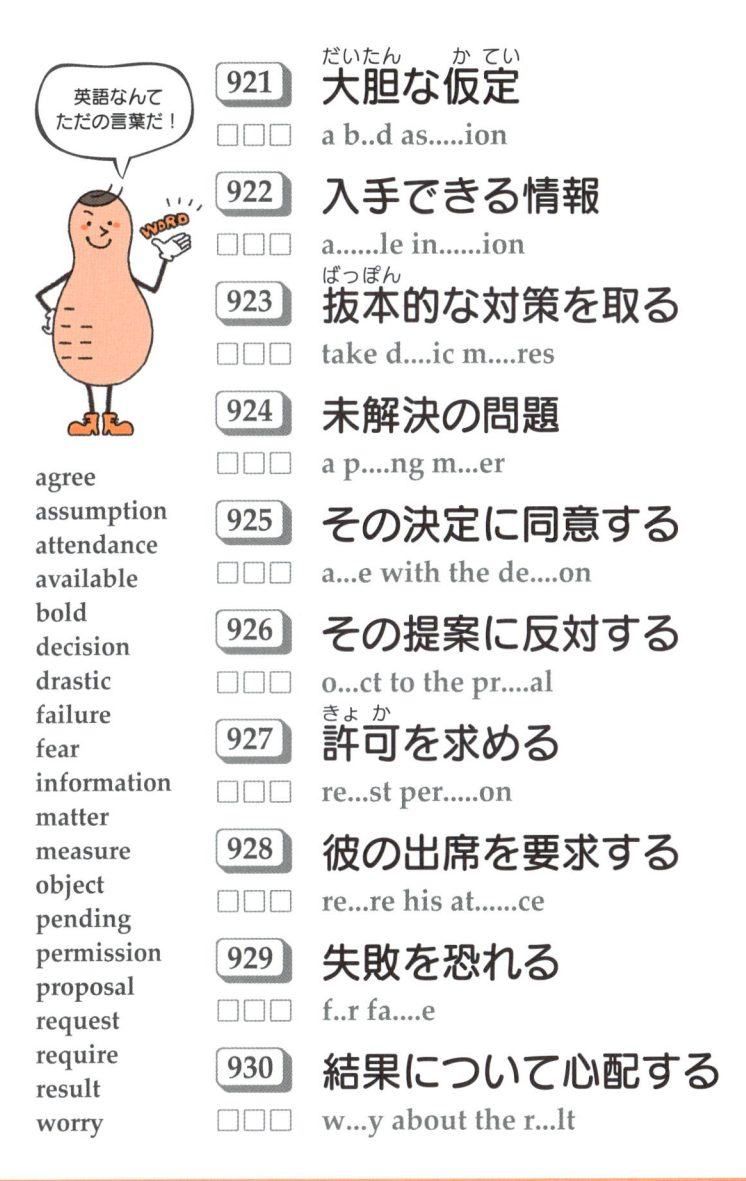

英語なんて
ただの言葉だ！

agree
assumption
attendance
available
bold
decision
drastic
failure
fear
information
matter
measure
object
pending
permission
proposal
request
require
result
worry

921 大胆（だいたん）な仮定（かてい）
a b..d as.....ion

922 入手できる情報
a......le in......ion

923 抜本（ばっぽん）的な対策を取る
take d....ic m....res

924 未解決の問題
a p....ng m...er

925 その決定に同意する
a...e with the de....on

926 その提案に反対する
o...ct to the pr....al

927 許可（きょか）を求める
re...st per.....on

928 彼の出席を要求する
re...re his at......ce

929 失敗を恐れる
f..r fa....e

930 結果について心配する
w...y about the r...lt

CD 48

921 a bold assumption
[bóuld] ◀発音 [əsʌ́mpʃən] ◀発音 ◀アク

922 available information
[əvéɪləbl] ◀発音 ◀アク [ìnfərméɪʃən]

923 take drastic measures
[dræstɪk] [méʒərz] ◀発音

924 a pending matter
[mǽtər]

925 agree with the decision
[əgríː] ◀アク [dɪsíʒən] ◀発音

926 object to the proposal
[əbdʒékt] ◀アク [prəpóuzl]

927 request permission
[rɪkwést] [pərmíʃən] ◀アク

928 require his attendance
[rɪkwáɪər] ◀発音 [əténdəns] ◀アク

929 fear failure
[fíər] ◀発音 [féɪljər] ◀発音

930 worry about the result
[wə́ːri] ◀発音 [rɪzʌ́lt] ◀アク

単語力の半分は腕力です

anxious
attract
challenging
concentrate
curiosity
desire
expression
fame
feeling
gloomy
homework
influence
interest
justice
loneliness
mood
psychological
sense
stimulate
task

931	不安な表情
☐☐☐	an a....us ex.....ion

932	憂うつな気分
☐☐☐	a g....y m..d

933	名声への欲求[名誉欲]
☐☐☐	a de...e for f..e

934	正義の感覚[正義感]
☐☐☐	a s...e of j....ce

935	孤独の感情[孤独感]
☐☐☐	a fe...ng of lo......ss

936	心理的な影響
☐☐☐	ps........cal in.....ce

937	私の興味を引き付ける
☐☐☐	at....t my in.....t

938	私の好奇心を刺激する
☐☐☐	st.....te my cu......y

939	やりがいのある任務
☐☐☐	a ch.......ng t..k

940	宿題に集中する
☐☐☐	co.......te on my ho....rk

英語 English

931 an anxious expression
[ǽŋkʃəs] ◀発音 [ɪkspréʃən] ◀アク

932 a gloomy mood
[glúːmi] ◀発音 [múːd] ◀発音

933 a desire for fame
[dɪzáɪər] ◀発音 [féɪm]

934 a sense of justice
[dʒʌ́stɪs]

935 a feeling of loneliness
[lóunlinəs] ◀発音

936 psychological influence
[sàɪkəláːdʒɪkl] ◀発音 [ínfluəns] ◀アク

937 attract my interest
[ətrǽkt] [íntərəst] ◀アク

938 stimulate my curiosity
[stímjəlèɪt] [kjùəriáːsəti] ◀アク

939 a challenging task
[tʃǽlɪndʒɪŋ]

940 concentrate on my homework
[káːnsəntrèɪt] ◀アク [hóumwə̀ːrk]

英語 English

体力も実力です

941	幸運の象徴 a s...ol of good f....ne
942	彼の欠点を大目（おおめ）に見る o.....ok his f...ts
943	彼の地位をうらやむ e..y him for his s...us
944	理想的（りそうてき）な夫婦 an i...l c...le
945	その学者を尊敬（そんけい）する r....ct the sc...ar
946	うそつきを軽蔑（けいべつ）する de....e a l..r
947	彼の誠実（せいじつ）さを疑（うたが）う d...t his h....ty
948	彼の発言に驚（おどろ）く be su.....ed at his re...k
949	その結果に満足する be sa.....ed with the ou....e
950	勝利に興奮（こうふん）する be e...ted at the vi....y

couple
despise
doubt
envy
excited
fault
fortune
honesty
ideal
liar
outcome
overlook
remark
respect
satisfied
scholar
status
surprised
symbol
victory

CD 49

941 **a symbol of good fortune**
[símbl]　　　　　　　　[fɔ́ːrtʃən]

942 **overlook his faults**
[òuvərlúk]　　　　[fɔ́ːlts] ◀発音

943 **envy him for his status**
[énvi]　　　　　　　[stǽtəs]

944 **an ideal couple**
[aidíːəl]◀アク[kʌ́pl]

945 **respect the scholar**
[rispékt]　　　　[skάːlər] ◀発音

946 **despise a liar**
[dispáiz]　　　　[láiər] ◀発音

947 **doubt his honesty**
[dáut] ◀発音　　　[άːnəsti] ◀発音

948 **be surprised at his remark**
[sərpráizd]　　　　　　[rimάːrk]

949 **be satisfied with the outcome**
[sǽtəsfàid] ◀発音◀アク　　　[áutkʌ̀m]

950 **be excited at the victory**
[iksáitid]　　　　　　[víktəri]

英語 English

ときには覚悟を決めてできるまで！

951	彼女の不在にがっかりする
	be di........ed at her a....ce

952	単調な仕事に退屈(たいくつ)する
	be b...d with a m......ous job

953	その場面を見てショックを受ける
	be sh...ed at the s...e

954	自分に嫌気(いやけ)がさす
	be di.....ed with myself

955	彼の行動にいらいらする
	be ir.....ed by his be....or

956	その質問に困(こま)らされる
	be di.....ed by the question

957	その知らせにうろたえる
	be u...t by the news

958	彼の成功に勇気づけられる
	be en......ed by his s....ss

959	幽霊(ゆうれい)をこわがる
	be s...ed of g...ts

960	安心[安堵(あんど)]のため息
	a s..h of re...f

absence
behavior
bored
disappointed
disgusted
disturbed
encourage
ghost
irritated
monotonous
relief
scared
scene
shocked
sigh
success
upset

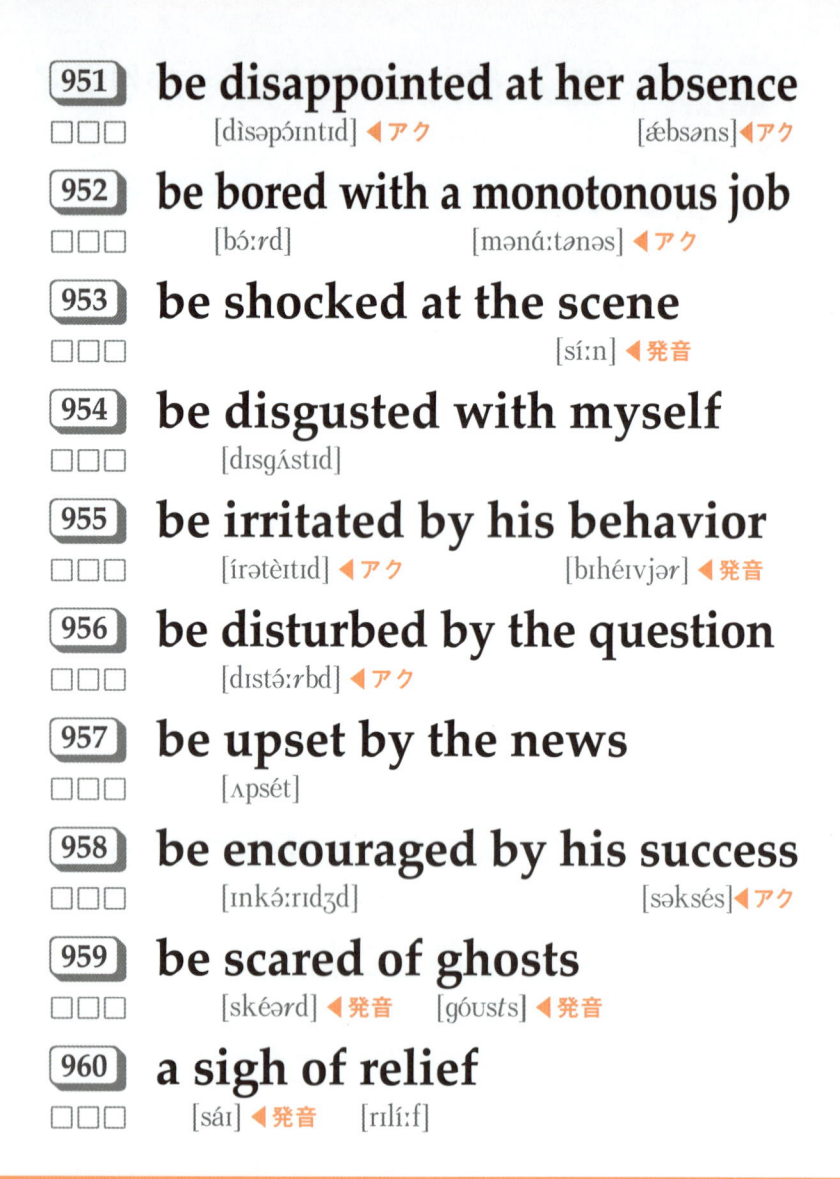

951	**be disappointed at her absence** [dìsəpɔ́ɪntɪd] ◀アク [ǽbsəns] ◀アク
952	**be bored with a monotonous job** [bɔ́ːrd] [mənɑ́ːtənəs] ◀アク
953	**be shocked at the scene** [síːn] ◀発音
954	**be disgusted with myself** [dɪsɡʌ́stɪd]
955	**be irritated by his behavior** [írətèɪtɪd] ◀アク [bɪhéɪvjər] ◀発音
956	**be disturbed by the question** [dɪstə́ːrbd] ◀アク
957	**be upset by the news** [ʌpsét]
958	**be encouraged by his success** [ɪnkə́ːrɪdʒd] [səksés] ◀アク
959	**be scared of ghosts** [skéərd] ◀発音 [ɡóʊsts] ◀発音
960	**a sigh of relief** [sáɪ] ◀発音 [rɪlíːf]

英語 / English

反復が単調だなんて嘘ですよ

accept
admire
answer
apology
attitude
consider
duty
express
forget
guess
ignore
instruction
invitation
negative
neglect
positive
potential
profound
promise
refuse
risk
sympathy
wrong

961 深い同情を表す
e....ss pr....nd s.....hy

962 彼の積極的な態度に感心する
a...re his p....ive at....de

963 間違った推測をする
make a w...g g..ss

964 約束を忘れる
f...et my p....se

965 潜在的な危険を考慮する
co....er the p.....ial r..k

966 招待を断る
r...se an in.....ion

967 義務を怠る
n....ct the d..y

968 指示を無視する
i...re an in......ion

969 謝罪を受け入れる
a...pt an a....gy

970 否定的な返答をする
give a n.....ve a...er

961 express profound sympathy
[ɪksprés] [prəfáund] ◀アク [símpəθi] ◀発音◀アク

962 admire his positive attitude
[ədmáɪər] ◀発音 [pá:zətɪv] [ǽtətjù:d] ◀アク

963 make a wrong guess
[rɔ́(:)ŋ] ◀発音 [gés] ◀発音

964 forget my promise
[fərgét] [prá:məs] ◀発音

965 consider the potential risk
[kənsídər] ◀アク [pəténʃəl] ◀アク

966 refuse an invitation
[rɪfjú:z] ◀アク [ìnvətéɪʃən] ◀アク

967 neglect the duty
[nɪglékt] ◀アク [djú:ti]

968 ignore an instruction
[ɪgnɔ́:r] ◀アク [ìnstərʌ́kʃən]

969 accept an apology
[əksépt] ◀アク [əpá:lədʒi] ◀発音◀アク

970 give a negative answer
[négətɪv]

英語 English

本が薄く感じられたら良い兆候

971	うわさを否認する
	d..y a r...r

972	絶え間ない不平を言う
	make co....nt co....ints

973	その決定に抗議する
	p....st against the d....ion

974	不当な罰
	an u...ir pu.....ent

975	敵を攻撃する
	a...ck the e...y

976	絶対的な自信を持つ
	have a.....te co......ce

977	秘密を漏らす
	l..k a s...et

978	彼の支援に頼る
	r..y on him for his su...rt

979	家族の絆を強める
	st......en family t.es

980	社長を説得する
	p.....de the p.....ent

absolute
attack
complaint
confidence
constant
deny
decision
enemy
leak
persuade
president
protest
punishment
rely
rumor
secret
strengthen
support
tie
unfair

971	**deny a rumor** [dɪnáɪ] ◀発音 [rúːmər] ◀発音◀アク
972	**make constant complaints** [kəmpléɪnts] ◀発音◀アク
973	**protest against the decision** [prətést] [dɪsíʒən] ◀発音
974	**an unfair punishment** [ʌnféər] [pʌ́nɪʃmənt]
975	**attack the enemy** [ətǽk] [énəmi]
976	**have absolute confidence** [ǽbsəlùːt] ◀アク [kάːnfədəns] ◀アク
977	**leak a secret** [líːk] [síːkrət]
978	**rely on him for his support** [rɪláɪ] ◀アク [səpɔ́ːrt]
979	**strengthen family ties** [stréŋkθn] ◀発音 [táɪz] ◀発音
980	**persuade the president** [pərswéɪd] ◀発音 [prézədənt]

もう少しで
ゴールです

achieve
admit
advance
agreement
attempt
complicated
crisis
financial
goal
health
hidden
overcome
purpose
reach
realize
significant
situation
steady
successful
trouble
truth
ultimate
value

981	成功した試み
□□□	a su......ul a....pt

982	重要な合意に達する
□□□	r...h a si.......nt ag.....nt

983	隠された[裏の]目的
□□□	a h...en pu...se

984	究極の目標を達成する
□□□	ac...ve the ul....te g..l

985	複雑な状況
□□□	a co.......ed si....ion

986	財政上の問題を抱えている
□□□	be in f.....ial t...ble

987	真実を認める
□□□	a...t the t...h

988	健康の価値を悟る
□□□	re....e the v...e of h...th

989	危機を克服する
□□□	o.....me a c....s

990	着実な前進をとげる
□□□	make a st...y a....ce

CD 51

981 a successful attempt
[səksésfl] ◀アク [ətémpt] ◀アク

982 reach a significant agreement
[ríːtʃ] [sɪgnífɪkənt] ◀アク [əgríːmənt] ◀アク

983 a hidden purpose
[hídn] [pə́ːrpəs] ◀発音◀アク

984 achieve the ultimate goal
[ətʃíːv] [ʌ́ltəmət] ◀アク [góul]

985 a complicated situation
[káːmpləkèɪtɪd] ◀アク [sìtʃuéɪʃən]

986 be in financial trouble
[fənǽnʃl] [trʌ́bl]

987 admit the truth
[ədmít] ◀アク [trúːθ]

988 realize the value of health
[ríːəlàɪz] ◀アク [vǽljuː] ◀アク

989 overcome a crisis
[òuvərkʌ́m] [kráɪsɪs] ◀発音

990 make a steady advance
[stédi] ◀発音 [ədvǽns] ◀アク

英語 English

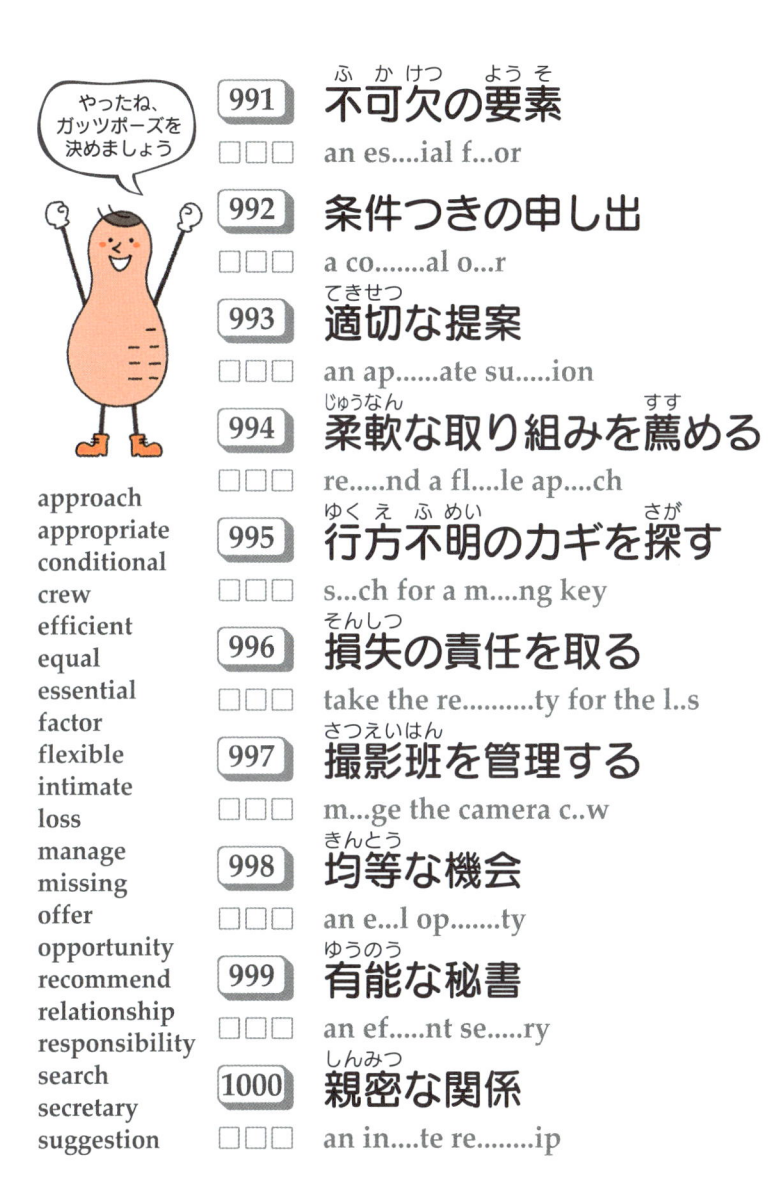

やったね、ガッツポーズを決めましょう

991 不可欠の要素
an es....ial f...or

992 条件つきの申し出
a co.......al o..r

993 適切な提案
an ap......ate su.....ion

994 柔軟な取り組みを薦める
re.....nd a fl....le ap....ch

995 行方不明のカギを探す
s...ch for a m....ng key

996 損失の責任を取る
take the re.........ty for the l..s

997 撮影班を管理する
m...ge the camera c..w

998 均等な機会
an e...l op.......ty

999 有能な秘書
an ef.....nt se.....ry

1000 親密な関係
an in....te re........ip

approach
appropriate
conditional
crew
efficient
equal
essential
factor
flexible
intimate
loss
manage
missing
offer
opportunity
recommend
relationship
responsibility
search
secretary
suggestion

991 an essential factor
[ɪsénʃəl] ◀アク [fǽktər]

992 a conditional offer
[kəndíʃənl] ◀アク [ɑ́:fər] ◀アク

993 an appropriate suggestion
[əpróupriət] ◀アク [səgdʒéstʃən] ◀発音◀アク

994 recommend a flexible approach
[rèkəménd] ◀アク [fléksəbl] [əpróutʃ]

995 search for a missing key
[sə́:rtʃ]

996 take the responsibility for the loss
[rɪspɑ̀:nsəbíləti] ◀アク [lɔ́(:)s]

997 manage the camera crew
[mǽnɪdʒ] ◀アク [krú:] ◀発音

998 an equal opportunity
[í:kwəl]◀アク [ɑ̀pərtjú:nəti] ◀アク

999 an efficient secretary
[ɪfíʃənt] ◀アク [sékrətèri] ◀発音

1000 an intimate relationship
[íntəmət] ◀アク [rɪléɪʃənʃìp]

100個 一気食いへの挑戦！

挑戦日	所要時間	正答数
1 年　月　日	分　秒	/100
2 年　月　日	分　秒	/100
3 年　月　日	分　秒	/100
4 年　月　日	分　秒	/100
5 年　月　日	分　秒	/100
6 年　月　日	分　秒	/100
7 年　月　日	分　秒	/100
8 年　月　日	分　秒	/100
9 年　月　日	分　秒	/100
10 年　月　日	分　秒	/100

繰り返しは無限の喜びである

英単語つれづれ草

19. この物語はフィクションです！ ほんとに！

(この文章は，世間の状況や，実際の教育とは全く関係ない，娯楽として読むためのフィクションです。いかなる実在の団体や手法を批判するわけでも何でもなく，ただ笑って楽しむための娯楽小説です。深い意味はまったくありません。)

娯楽小説：「藁(わら)」

社長には本当に頭にくる。オレたち中間管理職をなんだと思っているんだ。オレはこの会社に就職して，20年間平社員の頃からひたすら尽くしてきた。それが，先週の定例ミーティングであの発言だ。

「我が社の主要マーケットは，海外に移転しつつあり，我が社の製品の顧客(こきゃく)は北米やアジア諸国の事業者が多数を占めるようになっております。また，中国，韓国のメーカーとの競合(きょうごう)も激しさを増しております。」

「そこで，我が社では21世紀躍進戦略と題して，英語による事業者向けセールスの強化のため，全社員にPOIFLテストの受験を義務づけることにいたしました。本年度から本社の新卒採用においては，POIFLテスト700点を採用条件にいたしました。」

「また，現社員の中にも，年齢を問わず自主的に努力してくれている諸君も多く，中には900点を越えるスコアを取得(しゅとく)してくれた社員もいます。生産業務部の大神部長は，先月に970点というすばらしいスコアを取得してくれました。」

「我が社としては，このような英語を学ぶ努力を大いに奨励し，今後POIFLテストの成績を人員配置および，査定に積極的に取り入

れていくことといたしました。」

「現社員の諸君に関しては，1年後をメドに最低600点という努力目標を設けたいと思っております。係長以上の諸君は2年を期限に600点を必修とさせてもらいます。」

まずいことになった。42才になるまで英語の勉強には目をつぶってきた。極東大学法学部卒ってことで，今までオレの頭脳に疑問を持つヤツなんて社内にはいなかった。いわゆるエリート出世街道まっしぐらで，役員も目の前だと思っていた矢先にこれだ。

POIFLテストは1年前に，一般会場で会社に黙って受けたことがある。380点なんてことが，部下に知れたら大変だ。今まで築き上げてきた社内での地位が危ぶまれる。

受験の時には大量の問題を解いたりして，何とか英語は乗り切ってきた。まあ，理数系科目で苦手な英語をカバーしたと言ってもいいだろう。でも，極東大に受かってしまえば，英語なんかできるもんだと世間は勘違いしてくれた。

POIFLテストは難しい。リスニング100問にリーディング100問で2時間なんて，常人にできる量じゃない。はっきり言ってどこからリスニングの問題が始まったのかもわからないほどだ。宇宙人の言葉にしかきこえない。

なにか，うまい方法はないものか。英語は単語や文法をやらなければできないって，社員研修の講師は言っていたが，文法なんてもう5文型もわからないし，やる気もしない。時間もない。どうしたものか。このままでは，若い社員に抜かれてしまう。今までの会社人生はどうなるんだ。なんで，今頃になって英語なんだよ。

英単語つれづれ草

そんなあなたにピッタリの英語教材が誕生！

文法や単語を暗記すると英語は話せない！
「聞くだけでＯＫ！　努力不要！」
勉強いらずの英会話　スピークパーフェクト

　私は子供の頃から意志が弱いの。勉強と名の付くものでまともな成果を出したことはもちろんないし，だからってスポーツができるかというと，そういうわけでもないの。
　頭にくることにスポーツができる人たちは，勉強もそこそこできる。神様はなんて不平等なんだって思うことがよくある。私って何なの？
　でも，ちょっとラッキーだって思うのは，容姿（ようし）がそこそこなこと。とりたててかわいいってわけでもないけれど，高校時代は男子二人をふった。それくらいの器量（きりょう）はある。でも，結局何もできないから目立たないわけ。
　中学生くらいからの悩みは，ちょっとポチャだってこと。うーん，デブってわけじゃないんだけど，洋服でごまかさなきゃちょっとねってレベルかな。なんか，コンプレックスになってるかな，体型（たいけい）。
　でも，子供の頃から，努力って苦手だし，減量（げんりょう）なんてムリ，ムリ。夜のビールやめるくらいなら，死んだ方がまし。
　半年前，テレビの通販で買っちゃった。ジョーバ運動。苦労しなくてやせるって言うし。でもね……1ヶ月でやめちゃった。意志弱いし。ローンだけ残っちゃったよ～。安いんだよ。月4600円で，40回払い。でも，テレビで偉そうな先生も効果あるって言ってたし，ちゃんとやればやせれたんだよね～。

母も前に，キンギョ運動っての買って，やめちゃったんだよね。親子で同じような失敗してるって笑えない？　パートで稼(かせ)いだお金パーだって。私がやってみようかな。ジョーバ運動よりラクそうだし。

　何人もの男とつきあったけど，男ってムカつく。結局，容姿しか頭にないってのがミエミエ。女バカにしてない？　絶対，すごいダイエットの方法見つけて仰天(ぎょうてん)させてやるんだから。

　でも，結局，なんか能力がないとなめられちゃうんだよね。かっこいい自立した女性にあこがれるな〜。経済とか法律とかできると，あんなに男達にナメられなくてすむよね。昨日ニュースに出てた達(たつ)摩(ま)さんなんてかっこいいな。英語ペラペラだしね。

　私だって，英語とかできると，もっと目立つよね。ヒカルとか，タツヤとかに捨てられることもなかったかも。いいな〜，英語。カッコいい。

　あっ，そうそう，関係ないんだけど，昨日テレビでスゴイのやってた。なんか，モバラタカユキ.....？？　って人，肩に手，置いただけで，その人の過去がわかるんだって。そういうのってインチキくさいの多いんだけど，あれはホンモノだよ。いっしょに出てた，大学の先生もスゴイって言ってた。霊ってやっぱいるんだよ。

そんなあなたにピッタリの英語教材が誕生！

文法や単語を暗記すると英語は話せない！
「聞くだけでＯＫ！　努力不要！」
勉強いらずの英会話　スピークパーフェクト

もう100万人の仲間がこれで英会話を勉強中！

英単語つれづれ草

世界の水川選手も絶賛！

「僕もこれで勉強中です。世界の選手と話せるようになりました。」
（早食い世界選手権日本代表：水川翔）
「初めての海外旅行に向けて勉強中で，スピークパーフェクトのおかげで英語で挨拶ができるようになりました。このまま聞くだけで，ペラペラになりそうです。」（島根県　56才主婦）

ネイティブスピーカーも絶賛！
「It's wonderful! 英語をネイティブの子供のように脳にやさしく学ぶ方法だ。」（カネ・モラッター氏　米サウスダコタ州コミュニティカレッジ名誉教授）

※効果には個人差がメッチャあります。

初回　9800 円，（豪華 15 ページ学習マニュアル付属）
第 2 回目以降毎月　4800 円　特別装丁版ＣＤを毎月お届けします。
(48 ヶ月)
2 週間以内返品可能。（まずはお試しください）

今すぐにスタートすれば，期間限定 2 大プレゼント
「どんな病気でもすぐに治る，ミックスキノコ茶」
「南米で発見，魔法の力を秘めたノビスストーンネックレス」
今すぐお申し込みください。

(この文章は，世間の状況や，実際の教育とは全く関係ない，娯楽として読むためのフィクションです。いかなる実在の団体や手法を批判するわけでも何でもなく，ただ笑って楽しむための娯楽小説です。深い意味はまったくありません。)

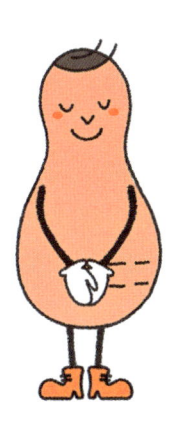

英単語つれづれ草

20. こんな夢を見た。

　日本の企業の経営者は皆，ＬＲだけのTOEICテストでは，英語の総合力，特に話す力は測れないことについて気がついた。各社がこぞってスピーキングテストを採用し，社員はスピーキングテストに向けての勉強に精を出すようになった。（もちろん，スピーキングテストの中には，読解とリスニングも含まれているし，ちゃんとした英語が話せる人は当然書けもするわけだから，TOEICスピーキングテストは精度が高い。）

　スピーキングテストに役に立たない不真面目な学習法は淘汰され，皆がピー君の表紙の本をもって，音読しながら発信力を磨いている。「只管朗読」という言葉も「現代用語の基礎知識」についに掲載された。ＯＬたちはピー君のぬいぐるみを抱いて眠った。

　スピーキングテストでは，表面的な発音のかっこよさやそれっぽさではなく，しっかりと伝えることや論理性が試される。人々は多少のローカルアクセントは残っても，恥ずかしがらずに堂々と英語でプレゼンをするようになった。

　日本のビジネスパーソンは，海外でも物怖じせずにどんどん発言したり，セールスをすることができるようになった。そして，もう日本人は英語ができないとバカにする外国人はいなくなった。

こんな夢を見た。

　文科省はついに日本の大学入試の英語が異常に偏っている事が，日本人の英語力を引き下げている悪の根源だということに気がついた。センター試験の英語は大改革され，リスニング50パーセント，

リーディング50パーセントとなった。日本語も使用しなくなった。
　人をおちょくったようなわけのわからない選択肢(せんたくし)を作っていた作成委員はいなくなった。リスニングテストでも，英文は一度しか読まなくなった。また，いかにも日本的でマニアックな「並べ替え問題」や「発音・アクセント問題」もなくした。二次試験では，パソコンや面接によるスピーキングテストとライティングテストが義務づけられた。また，個別の大学が，好き勝手に偏った変な問題を作ることも禁止した。
　また，センター試験だけではなく，同様の資格試験を何度も実施することにより，複数回のチャンスを若者たちに与えることができるようになった。
　中学・高校・塾・予備校の，教師のために作られたような偏った英語教育は，一度完全に崩壊(ほうかい)し，授業は真剣に英語の発話力を身につけさせようとする教師たちと，4技能を高めようとする生徒たちの練習道場と化した。教室からは，教師の日本語よりも，生徒が英語を読んだり，話したりする声がたくさん聞こえてくるようになった。ピー君は，女子高生の人気ナンバーワンキャラとなった。
　日本の発信力はどんどん増していき，日本の製品はますます世界の人たちのあこがれとなり，日本の技術は世界の尊敬を集め，日本の文化は世界の人たちを大いに楽しませるようになった。たくさんの外国人が日本を訪れ，平和を愛する日本は国際政治でも大きなプレゼンスを示すようになった。

でもぜーんぶ夢だった。

おわりに

　皆さん,「ピー単」の僕のコラムに,最後まで付き合ってくれてありがとう。そして,この単語集の執筆に関して励ましてくれた,英語教育に燃える仲間たちにも大いに感謝したい。また,僕に英語を教えてくれたすべての先生方,そして生徒たちにも。

　もしも,この単語集が世に受け入れられることがあるならば,それは私たちベーシック版の著者の功績ではない。只管朗読というスタイルを提唱し,日本の英語教育の正道を示した國弘正雄先生,そして,初めてコロケーションを大衆向けの単語集として世に出した清水かつぞー先生の功績である。

　真の英語教育に,中学・高校・塾・予備校・大学・英会話学校などという制度上の枠組みは関係ない。皆で協力して正しい学習法を盛り上げていこうではないか。僕は,両氏が築き上げた,英語学習の正道を,再度世に広めるための一助として,「ピー単」が役立てばよいと思って渾身の思いで執筆した。

　共感していただける皆さんには,ぜひ,この「ピー単」をひとりでも多くの英語ファンに届けることができるよう,お手伝いいただければ幸いである。

　僕は,國弘正雄先生から始まった,音読による自動化訓練こそが,来たるべきグローバル化に日本人がどう備えるべきかの答だと信じている。

BASIC 1000

INDEX

※数字は英文の通しナンバー

A

- [ ] ability 678
- [ ] abroad 598
- [ ] absence 951
- [ ] absent 505
- [ ] absolute 976
- [ ] absorb 560
- [ ] abuse 166
- [ ] academic 194
- [ ] accent 691
- [ ] accept 140, 969
- [ ] accident 448
- [ ] according 704
- [ ] account 179
- [ ] accurate 917
- [ ] achieve 984
- [ ] achievement 591
- [ ] acid 732
- [ ] acquire 820
- [ ] action 818
- [ ] active 476
- [ ] activity 349, 513, 876
- [ ] actor 323
- [ ] actress 324
- [ ] ad 192
- [ ] add 84
- [ ] additive 63
- [ ] address 526, 608, 687
- [ ] adjust 130
- [ ] adjustment 446
- [ ] admire 962
- [ ] admission 352, 584
- [ ] admit 987
- [ ] advance 384, 990
- [ ] advantage 908
- [ ] advertising 831
- [ ] advice 699
- [ ] age 195, 568, 652, 887
- [ ] agency 449
- [ ] aging 869
- [ ] agree 925
- [ ] agreement 982
- [ ] agriculture 787
- [ ] aid 824
- [ ] air-condition 132
- [ ] aisle 438
- [ ] alarm 213, 759
- [ ] alone 188
- [ ] along 371
- [ ] alphabetical 666
- [ ] alternative 765
- [ ] aluminum 741
- [ ] amateur 320
- [ ] ambitious 801
- [ ] ambulance 260
- [ ] amount 637
- [ ] amusement 351
- [ ] ancient 569
- [ ] ankle 256
- [ ] anniversary 146
- [ ] annual 186
- [ ] answer 970
- [ ] Antarctic 576
- [ ] antique 308
- [ ] anxious 931
- [ ] apart 169
- [ ] apartment 13
- [ ] apology 969
- [ ] appear 710
- [ ] appearance 214
- [ ] appetite 61
- [ ] appliance 126
- [ ] application 584, 656
- [ ] apply 545, 583
- [ ] appointment 223
- [ ] appreciate 313
- [ ] approach 717, 994
- [ ] appropriate 993
- [ ] approximate 639
- [ ] architecture 861
- [ ] area 4, 581, 641
- [ ] argument 915
- [ ] arithmetic 536
- [ ] arrange 171, 389
- [ ] arrest 839
- [ ] arrival 455
- [ ] arrive 437
- [ ] art 303
- [ ] article 617
- [ ] artificial 781
- [ ] artistic 304
- [ ] ascending 473
- [ ] assemble 524
- [ ] assembly 523
- [ ] assumption 921
- [ ] astronomical 551
- [ ] athlete 387
- [ ] atmosphere 151
- [ ] atomic 817
- [ ] attach 629
- [ ] attack 819, 975
- [ ] attempt 981
- [ ] attend 504, 810

263

☐ attendance 928	☐ belong 514	☐ bride 158
☐ attendant 444	☐ below 542, 706	☐ brief 332
☐ attention 404	☐ belt 295	☐ bright 714
☐ attitude 143, 962	☐ bend 294	☐ brilliant 324
☐ attract 563, 937	☐ bicycle 432	☐ broad 220
☐ attractive 214	☐ bilingual 615	☐ broadcast 615
☐ auction 626	☐ bill 60, 120, 298, 812	☐ broil 85
☐ auditorium 524	☐ biology 588	☐ broken 681
☐ author 337	☐ bite 293	☐ bronze 309
☐ auto 857	☐ bitter 90	☐ brush 228
☐ available 922	☐ blackboard 537	☐ bubble 842
☐ avenue 418	☐ blanket 22	☐ budget 851
☐ average 161, 542	☐ bleed 237	☐ bulb 128
☐ avoid 250	☐ blood 209, 242	☐ bulletin 657
☐ award 321	☐ bloom 361	☐ bully 519
☐ awful 93	☐ blossom 360	☐ bundle 299
	☐ board 28, 508, 657	☐ burn 238, 299
B	☐ boat 358	☐ burnable 54
☐ back 276	☐ body 217	☐ burst 355
☐ background 194	☐ boil 82	☐ bursting 842
☐ baggage 462	☐ bold 921	☐ business 881
☐ balanced 66	☐ bomb 817	☐ busy 424
☐ bald 225	☐ book 456	☐ butt 206
☐ balloon 355	☐ bookstore 334	☐ button 38
☐ bank 371, 755	☐ border 821	
☐ bankrupt 896	☐ bored 952	**C**
☐ bare 286	☐ boring 592	☐ cabbage 79
☐ bark 134	☐ borrow 395	☐ calm 718
☐ basic 879	☐ boss 696	☐ campaign 804
☐ bathroom 333	☐ bottle 742	☐ camping 365
☐ battery 127	☐ bound 435	☐ can 745
☐ bay 500	☐ bow 288	☐ cancel 58
☐ beans 92	☐ brain 254	☐ cancer 243
☐ bear 392, 724	☐ brake 409	☐ candidate 805
☐ beard 226	☐ branch 362	☐ capable 516
☐ beat 806	☐ break 333, 381	☐ capacity 622
☐ beauty 304	☐ breath 289	☐ capital 497, 662
☐ beef 80	☐ breathe 726	☐ carbon 730
☐ beer 97	☐ breed 797	☐ cardboard 300
☐ behavior 144, 955	☐ breeze 716	☐ care 249, 253

☐ career	197	☐ childhood	518	☐ common	694
☐ careful	909	☐ chore	138	☐ communicate	678
☐ carefully	776	☐ chronic	235	☐ commute	432
☐ careless	672	☐ cigarette	206	☐ commuter	427
☐ carpenter	26	☐ citizen	838	☐ company	831, 895
☐ carpet	52, 95	☐ civilization	567	☐ compare	901
☐ carve	307	☐ clap	328, 719	☐ competition	386
☐ case	836	☐ classical	313	☐ competitive	585
☐ cash	124	☐ classmate	519	☐ complain	696
☐ casual	33	☐ cleanup	538	☐ complaint	106, 972
☐ caught	709	☐ clear	372	☐ complete	780
☐ cause	762	☐ clearance	113	☐ complicated	985
☐ celebrate	146	☐ clerk	181	☐ compose	314
☐ cell	767	☐ cliff	376	☐ composer	306
☐ cellphone	602	☐ climate	701	☐ composition	535
☐ centigrade	705	☐ climb	375	☐ comprehension	679
☐ centimeter	645	☐ clogged	48	☐ computer	621
☐ ceremony	525	☐ closet	49	☐ concentrate	940
☐ chain	750	☐ cloth	648	☐ concert	316
☐ chair	913	☐ clothes	33	☐ conclusion	910
☐ challenging	939	☐ cloudy	708	☐ condition	247, 878
☐ championship	385	☐ club	513, 514	☐ conditional	992
☐ character	141	☐ co-ed	503	☐ conduct	
☐ charge		☐ coach	515		315, 548, 777
127, 352, 466, 889		☐ coat	32	☐ conductor	451
☐ charity	877	☐ code	605, 891	☐ conference	900
☐ chart	636	☐ coin	283	☐ confidence	976
☐ cheap	469	☐ collapse	755	☐ congratulate	147
☐ cheating	521	☐ collar	135, 272	☐ conservative	142
☐ check	463	☐ colleague	888	☐ consider	965
☐ checkout	119	☐ collect	388, 745	☐ considerable	908
☐ checkup	207	☐ college	594, 595	☐ constant	972
☐ cheek	269	☐ column	618	☐ construction	
☐ cheer	380	☐ comedian	613		860, 895
☐ cheerful	141	☐ comet	785	☐ constructive	904
☐ chemical	547, 771	☐ comfortable	16	☐ consult	827
☐ chemistry	546	☐ comic	342	☐ consumer	848
☐ cherry	360	☐ comment	920	☐ consumption	840
☐ chest	220	☐ commercial	582	☐ contact	602
☐ chicken	87	☐ committee	913	☐ contain	69

☐ continent	579	☐ crush	300	☐ department	109, 589, 899
☐ continue	453	☐ cubic	645	☐ departure	452
☐ contract	664	☐ culture	573	☐ depend	168
☐ contribute	814	☐ curator	312	☐ deposit	182
☐ control	858	☐ curiosity	938	☐ depression	244
☐ conventional	674	☐ current	341	☐ depth	647
☐ conversation	680	☐ curtain	17	☐ descending	472
☐ cookie	77	☐ customer	110	☐ describe	688
☐ copier	399	☐ customs	457	☐ desert	490
☐ coral	487			☐ deserted	491
☐ core	74	**D**		☐ desire	933
☐ correct	667	☐ daily	680	☐ despise	946
☐ correspondence	531	☐ dairy	796	☐ destroy	751
☐ cosmetic	215	☐ damage	753	☐ detail	688
☐ cosmetics	107	☐ dangerous	493	☐ detective	344
☐ cost	852	☐ data	637	☐ detector	461
☐ couch	16	☐ date	455	☐ detergent	45
☐ cough	232	☐ dazzling	712	☐ develop	678
☐ council	510, 810	☐ deadline	883	☐ developing	815
☐ counseling	155	☐ death	254, 834	☐ development	763, 769, 782
☐ count	280	☐ debris	757		
☐ counter	119	☐ debt	189	☐ device	14, 403, 766
☐ country	1	☐ decide	885	☐ dialect	690
☐ couple	944	☐ decision	925, 973	☐ diaper	164
☐ course	529, 531	☐ deck	483	☐ diary	660
☐ court	833	☐ decrease	851	☐ dictionary	683
☐ cracked	96	☐ deep	289	☐ diet	64, 222
☐ cradle	172	☐ deep-sea	779	☐ dietary	68
☐ crash	411	☐ defective	105	☐ difference	652
☐ create	870	☐ deficit	841	☐ different	421
☐ credit	597	☐ degree	705, 706	☐ dig	366
☐ crew	997	☐ delay	443	☐ digest	70
☐ crime	838	☐ delete	631	☐ dinner	59
☐ criminal	839	☐ delicious	56	☐ dinosaur	565
☐ crisis	989	☐ deliver	610	☐ dioxide	730
☐ critical	247	☐ demand	843	☐ direction	428
☐ criticism	906	☐ democratic	808	☐ director	320
☐ crop	792	☐ density	653	☐ dirt	43
☐ cross	423	☐ dentist	239	☐ dirty	41
☐ crowded	114	☐ deny	971		

☐ disappointed 951	☐ duty-free 489	☐ enjoy 2
☐ disappointing 693	☐ dye 224	☐ enormous 485
☐ disaster 752		☐ enough 65
☐ discipline 165	**E**	☐ enter 353, 501
☐ discount 116	☐ e-mail 627	☐ entertainment 331
☐ discover 774	☐ earn 177	☐ enthusiastic 339
☐ discrimination 863	☐ earth 786	☐ entrance 587
☐ discuss 811	☐ earthquake 756	☐ envelope 606
☐ disease 241	☐ eco-friendly 45	☐ environmental 727
☐ disgusted 954	☐ economic 842, 844	☐ envy 943
☐ disk 622	☐ economy 846	☐ equal 998
☐ display 354	☐ ecosystem 751	☐ equally 60
☐ disposable 164	☐ editorial 618	☐ equipment 378
☐ dispose 757	☐ education 508, 512	☐ era 574
☐ dispute 821	☐ educational 506, 875	☐ eraser 395
☐ distance 778	☐ eel 85	☐ error 667
☐ distant 175, 379	☐ effect 252, 635	☐ escalator 473
☐ distribute 108	☐ efficient 999	☐ essential 991
☐ distribution 845	☐ effort 684	☐ establish 895
☐ district 582	☐ elderly 871	☐ estimate 917
☐ disturbed 956	☐ election 804	☐ ethnic 862
☐ divide 174	☐ electric 126, 739	☐ European 579
☐ dizzy 233	☐ electricity 740	☐ evidence 907
☐ document 400, 632	☐ electronic 683, 766	☐ exact 902
☐ dollar 120, 465	☐ element 561	☐ examination 587
☐ domestic 170	☐ elementary 501	☐ examine 776
☐ donate 877	☐ elephant 736	☐ example 671
☐ door-to-door 104	☐ elevator 472	☐ exceed 195
☐ doorframe 279	☐ emergency 464	☐ excellent 540
☐ doubt 947	☐ emission 744	☐ excessive 222
☐ drainpipe 48	☐ employee 894	☐ exchange 465, 600
☐ drastic 923	☐ employment 847	☐ excited 950
☐ draw 17, 301, 390, 396	☐ empty 745	☐ exciting 336
	☐ encourage 958	☐ excuse 692
☐ drawer 19	☐ encyclopedia 343	☐ executive 884
☐ dress 891	☐ endangered 748	☐ exercise 202, 534
☐ drill 760	☐ endless 490	☐ exhaust 743
☐ drip 47	☐ enemy 975	☐ exit 464
☐ drunk 99	☐ energy 737, 765	☐ expense 850
☐ duty 538, 967	☐ energy-saving 738	☐ expensive 111

- [ ] experience 480, 599
- [ ] experienced 682
- [ ] experiment 548
- [ ] expired 459
- [ ] explanation 689
- [ ] exploration 779
- [ ] explosion 762
- [ ] express 609, 961
- [ ] expression 670, 931
- [ ] expressway 415
- [ ] extend 883
- [ ] extinct 749
- [ ] extinguish 761
- [ ] extra 466

F

- [ ] facility 5
- [ ] facing 12
- [ ] factor 991
- [ ] factory 857
- [ ] failure 929
- [ ] fair 219
- [ ] fallen 363
- [ ] fame 933
- [ ] fan 339
- [ ] fantastic 711
- [ ] fare 446
- [ ] farewell 149, 526
- [ ] farm 793
- [ ] fasten 295
- [ ] fatal 259
- [ ] faucet 47
- [ ] fault 942
- [ ] favorable 153
- [ ] favorite 337
- [ ] fear 929
- [ ] feature 494
- [ ] fee 15
- [ ] feed 133
- [ ] feeling 935
- [ ] fence 287
- [ ] fertilizer 795
- [ ] fever 230
- [ ] fiber 68
- [ ] field 790
- [ ] figure 216, 572, 639, 642
- [ ] fill 658
- [ ] film 331
- [ ] final 384
- [ ] financial 824, 986
- [ ] fine 414
- [ ] finger 280
- [ ] fingerprint 837
- [ ] firework 354
- [ ] firm 896
- [ ] fishery 800
- [ ] fishing 374
- [ ] fitting 31
- [ ] fix 433
- [ ] flag 274
- [ ] flash 720
- [ ] flat 408
- [ ] flavor 90
- [ ] flexible 994
- [ ] flier 108
- [ ] flight 456
- [ ] flip 283
- [ ] flood 754
- [ ] floor 50
- [ ] floral 35
- [ ] flowerbed 24
- [ ] flu 231
- [ ] fluently 677
- [ ] flush 468
- [ ] focus 555
- [ ] fog 715
- [ ] fold 40
- [ ] follow 511
- [ ] foot 649
- [ ] forecast 704
- [ ] foreign 676
- [ ] forest 735
- [ ] forestry 800
- [ ] forget 964
- [ ] form 656
- [ ] former 888
- [ ] formula 545
- [ ] fortune 941
- [ ] fossil 565
- [ ] found 832
- [ ] fragrant 92
- [ ] frank 906
- [ ] free 123
- [ ] freedom 830
- [ ] freight 447
- [ ] fresh 726
- [ ] friendship 154
- [ ] front 327
- [ ] front-page 619
- [ ] frontier 571
- [ ] frost 406
- [ ] frozen 87
- [ ] full 361
- [ ] full-time 198
- [ ] fund 849
- [ ] funeral 171
- [ ] fur 32
- [ ] furniture 18
- [ ] future 870

G

- [ ] gain 204, 614
- [ ] gallery 312
- [ ] gap 872
- [ ] garbage 54
- [ ] gargle 229
- [ ] gas 559, 731, 743
- [ ] gear 365
- [ ] gene 798

☐ general 873, 898	**H**	☐ huge 637
☐ generation 872		☐ human 152
☐ generous 593	☐ habit 66	☐ hunt 190
☐ genetically 799	☐ haircut 223	☐ hydrogen 562
☐ gentle 716	☐ hammer 27	
☐ geographical 494	☐ handwritten 665	**I**
☐ geography 576	☐ hangover 100	☐ icy 723
☐ German 597	☐ harmful 771	☐ idea 901
☐ gesture 265	☐ harvest 792	☐ ideal 944
☐ ghost 959	☐ haunted 353	☐ ignore 968
☐ gift 118	☐ headache 235	☐ illegal 402, 865
☐ global 729	☐ headline 619	☐ illness 240
☐ globe 575	☐ health 201, 208, 988	☐ illustrated 343
☐ gloomy 932	☐ healthy 64	☐ image 307
☐ goal 984	☐ heat 560, 725	☐ imaginary 345
☐ goods 103	☐ heavily 189	☐ immediate 252
☐ government 809	☐ height 646	☐ immigrant 865
☐ grab 272, 318	☐ hemisphere 577	☐ immigration 458
☐ grade 540	☐ heritage 747	☐ import 103
☐ graduate 594	☐ hero 620	☐ important 630
☐ graduation 525	☐ hidden 983	☐ impossible 916
☐ grandchild 167	☐ high-powered 554	☐ impress 329
☐ grave 172	☐ hike 370	☐ impression 153
☐ gravitation 549	☐ hire 543	☐ impressive 325
☐ Greek 346	☐ historic 477	☐ improve 794
☐ greenhouse 731	☐ historical 572	☐ improvement 919
☐ greet 139	☐ hit 279, 702	☐ including 122
☐ grind 211	☐ hold 440, 522, 884	☐ income 186
☐ grip 271	☐ hole 366	☐ increase 850
☐ groom 158	☐ holiday 145	☐ indifferent 802
☐ gross 853	☐ homemade 77	☐ indirect 611
☐ group 862	☐ homestay 599	☐ industrial 570, 859
☐ grow 788	☐ homework 940	☐ industry 855
☐ growth 844	☐ honesty 947	☐ infect 633
☐ guess 963	☐ horizon 379	☐ influence 936
☐ guest 148	☐ horse 356	☐ information 611, 922
☐ guide 479	☐ hourly 200	☐ ingredient 73
☐ gum 237	☐ household 138	☐ inherit 173
☐ gymnastic 386	☐ housewife 161, 874	☐ inheritance 174
	☐ housing 184	☐ injury 263

- [ ] inn 471
- [ ] innovation 764
- [ ] insect 749
- [ ] inspect 407
- [ ] inspection 457
- [ ] install 131
- [ ] institute 832
- [ ] institution 506
- [ ] instruction 968
- [ ] instructor 516
- [ ] instrument 317, 556
- [ ] insurance 187, 208
- [ ] intensive 253
- [ ] interest 180, 937
- [ ] intermediate 529
- [ ] intermission 332
- [ ] international 813
- [ ] Internet 623
- [ ] interpreter 682
- [ ] intersection 423
- [ ] interview 196
- [ ] intimate 1000
- [ ] invade 829
- [ ] invent 773
- [ ] investigate 836
- [ ] investigation 780
- [ ] invisible 552
- [ ] invitation 140, 966
- [ ] iron 46, 563
- [ ] irritated 955
- [ ] island 491
- [ ] issue 341, 460, 811
- [ ] item 112, 163

J

- [ ] jacket 38
- [ ] jam 399, 429
- [ ] jewelry 111
- [ ] join 454
- [ ] journey 453
- [ ] judgment 909
- [ ] junction 424
- [ ] justice 934

K

- [ ] kettle 82
- [ ] key 322
- [ ] kick 284
- [ ] kindergarten 507
- [ ] kitchenware 109
- [ ] knee 294
- [ ] knit 37
- [ ] knowledge 902

L

- [ ] labor 852, 866, 893
- [ ] lack 849
- [ ] ladder 30
- [ ] landmark 486
- [ ] landscape 302
- [ ] language 676, 700
- [ ] latest 807
- [ ] launch 783
- [ ] laundry 44
- [ ] law 549, 825
- [ ] lawyer 827
- [ ] layer 733
- [ ] lazy 894
- [ ] leading 323, 856
- [ ] leaf 363
- [ ] leak 977
- [ ] lean 287
- [ ] learning 536
- [ ] leather 34
- [ ] leave 604
- [ ] lecture 592
- [ ] legal 828
- [ ] leisure 349
- [ ] length 640
- [ ] lens 555
- [ ] letter 662
- [ ] liar 946
- [ ] license 412
- [ ] lick 290
- [ ] lid 81
- [ ] life 187
- [ ] lifestyle 864
- [ ] lightning 720
- [ ] limit 195, 413
- [ ] line 396, 643
- [ ] lip 290
- [ ] liquid 557
- [ ] listening 679
- [ ] literal 673
- [ ] literature 589
- [ ] live 316
- [ ] living 160
- [ ] loan 184
- [ ] local 691, 809
- [ ] location 493
- [ ] logical 910
- [ ] loneliness 935
- [ ] lonely 492
- [ ] loosen 296
- [ ] lose 382
- [ ] loss 996
- [ ] lots 390
- [ ] lottery 391
- [ ] loud 292
- [ ] loudly 380
- [ ] lounge 474
- [ ] low 744
- [ ] lung 262
- [ ] luxury 112

M

- [ ] magazine 340
- [ ] magnet 563
- [ ] magnificent 484
- [ ] maintain 201

☐ maintenance 15	☐ metropolitan 581	☐ nation 815
☐ major 588, 722	☐ microphone 318	☐ national
☐ makeup 221	☐ microscope 554	145, 311, 586, 620
☐ manage 997	☐ microwave 83	☐ natural 566, 728, 752
☐ manager 898	☐ middle-aged 874	☐ nature 734
☐ manipulation 798	☐ mild 701	☐ needle 39
☐ manual 893	☐ military 818	☐ negative 970
☐ manufacturer 856	☐ minimum 775	☐ neglect 967
☐ manufacturing 855	☐ minute 650	☐ negotiation 897
☐ map 495	☐ miss 442	☐ neighbor 139
☐ marble 478	☐ missing 995	☐ neighborhood 6
☐ marine 488	☐ mistake 672	☐ nephew 176
☐ marriage 155	☐ misunderstanding	☐ neutral 912
☐ mass 854	694	☐ newspaper 617
☐ master 676	☐ moderate 202	☐ niece 176
☐ match 382	☐ modern 861	☐ northern 577
☐ material	☐ modernization 574	☐ nose 227
393, 758, 770	☐ modified 799	☐ note 659
☐ matter 338, 924	☐ monotonous 952	☐ notice 422
☐ meal 56	☐ monster 345	☐ novel 344, 347
☐ meaning 673	☐ monument 485	☐ nuclear 746, 816
☐ means 425	☐ mood 932	☐ number 638
☐ measure	☐ motorcycle 433	☐ nurse 871
738, 778, 923	☐ mountain 375	☐ nursery 163
☐ meat 67	☐ mountaineering 378	☐ nutrition 65
☐ medical 248	☐ mouth 229	
☐ medicine 251	☐ move 1, 330	**O**
☐ medieval 567	☐ movement 264	☐ object 552, 784, 926
☐ Mediterranean 499	☐ moving 687	☐ observation
☐ meeting 810	☐ mug 97	483, 551
☐ melting 721	☐ murder 836	☐ observe
☐ membership 116	☐ muscle 234	413, 550, 825
☐ memorable 480	☐ museum 311	☐ obtain 907
☐ memorize 533	☐ mutual 911	☐ ocean 498
☐ memory 481	☐ myth 346	☐ offer 824, 992
☐ mental 241		☐ office 398
☐ message 604	**N**	☐ official 509
☐ metal 461, 768	☐ nail 27, 293	☐ one-way 430
☐ meter 644	☐ nap 210	☐ online 625
☐ method 774	☐ narrow 417	☐ open 273

☐ open-air 326	☐ parts 634	☐ plane 642
☐ operate 621	☐ party 808	☐ plant 364, 746, 791
☐ operation 261	☐ pass 587, 812	☐ plastic 102
☐ opinion 904	☐ passport 459	☐ pleasant 151
☐ opportunity 998	☐ past 197	☐ pleasure 125
☐ opposite 428	☐ path 417	☐ poem 533
☐ optical 556	☐ patient 246	☐ point 274
☐ optimistic 905	☐ pattern 35	☐ pointed 227
☐ orange 78	☐ pay 124, 879	☐ poisoning 72
☐ orchestra 315	☐ peace 814, 823	☐ poisonous 373
☐ order 625, 666	☐ pedestrian 404	☐ pole 411
☐ organ 255	☐ peel 78	☐ police 835
☐ organic 795	☐ pending 924	☐ polite 143, 288
☐ organization 848	☐ pension 188	☐ political 811
☐ outcome 949	☐ perfect 541	☐ politician 801
☐ outdated 71	☐ performance 325, 892	☐ politics 802
☐ outdoors 350		☐ poll 807
☐ outstanding 486	☐ period 573	☐ pollution 727
☐ overcome 989	☐ permission 927	☐ pond 357
☐ overhanging 362	☐ persistent 232	☐ pool 647
☐ overlook 500, 942	☐ person 889	☐ poor 692
☐ overtime 880	☐ personal 660, 886	☐ popular 342
☐ oxygen 562	☐ personality 142	☐ popularity 614
☐ ozone 733	☐ personnel 899	☐ population 653
	☐ persuade 980	☐ portable 30
P	☐ pharmacy 251	☐ portrait 306
☐ Pacific 498	☐ phenomenon 558	☐ position 884, 912
☐ package 454, 609	☐ photo 482	☐ positive 962
☐ paid 890	☐ phrase 674	☐ postage 606
☐ pain 234	☐ physical 203, 512, 520, 558	☐ postal 605
☐ painting 305		☐ postpone 452
☐ palm 273	☐ physics 546	☐ pot 81
☐ panel 10	☐ pick 603	☐ potential 965
☐ pants 34	☐ pie 73, 636	☐ pour 94
☐ parallel 643	☐ pill 212, 291	☐ power 746
☐ parcel 610	☐ pillow 22, 281	☐ practical 903
☐ parent 168	☐ pinch 258	☐ practice 517
☐ parking 402	☐ pizza 83	☐ pray 823
☐ part-time 199	☐ placement 590	☐ precious 768
☐ participate 626	☐ plain 36	☐ predict 756

☐ prefecture	496	☐ prosperous	870	☐ reception	150, 159
☐ prefer	67	☐ protect	838	☐ receptionist	471
☐ prepare	150	☐ protest	973	☐ reckless	410
☐ present	608	☐ proverb	698	☐ recline	441
☐ presentation	661	☐ psychological	936	☐ recommend	994
☐ preserve	734	☐ public		☐ record	381
☐ president	980	5, 426, 467, 502, 686, 873		☐ recover	263
☐ press	616	☐ publish	340	☐ recycle	741
☐ pressure	242	☐ punishment	520, 974	☐ redo	221
☐ previous	532	☐ purpose	983	☐ reduce	852
☐ price	115, 117	☐ purse	268	☐ reef	487
☐ primitive	568			☐ reflect	713
☐ principal	507	**Q**		☐ reform	875
☐ principle	566	☐ quality	858	☐ refrigerator	86
☐ print	632	☐ questionnaire	658	☐ refund	445
☐ priority	439	☐ quick	264	☐ refusal	265
☐ privacy	829	☐ quiet	474	☐ refuse	504, 966
☐ prize	310	☐ quit	885	☐ region	580
☐ problem	914			☐ regular	110, 207
☐ procedure	828	**R**		☐ regularly	517
☐ product		☐ racial	863	☐ regulation	826
105, 488, 796		☐ racket	271	☐ reject	157
☐ production	854	☐ radioactive	758	☐ relationship	
☐ productivity	794	☐ rag	51		152, 1000
☐ professor	593	☐ railroad	448	☐ relative	175
☐ profit	853	☐ rainbow	710	☐ relatively	469
☐ profound	961	☐ raise	162, 266	☐ release	319, 616
☐ program	612	☐ rapid	685	☐ reliable	654
☐ progress	685	☐ rate	180, 585, 867	☐ relief	960
☐ prohibit	205	☐ raw	80	☐ relieve	245
☐ project	782	☐ ray	368, 553	☐ religion	830
☐ promise	964	☐ reach	377, 887, 982	☐ rely	978
☐ promote	847	☐ reaction	547	☐ remain	156, 569
☐ promotion	147	☐ realize	988	☐ remark	948
☐ prompt	628	☐ rear	401	☐ remodel	8
☐ proper	699	☐ reason	886	☐ remove	42
☐ property	173	☐ reasonable	115	☐ renew	412
☐ proposal	157, 926	☐ receive	627, 834	☐ rent	13
☐ propose	918	☐ receiver	603	☐ repair	431
☐ prosper	846	☐ recent	655	☐ replace	128

☐ replacement 634	☐ roof 10	☐ secondhand 18
☐ reply 628	☐ room 919	☐ secret 977
☐ report 663, 835	☐ root 364	☐ secretary 999
☐ request 927	☐ round-trip 434	☐ security 14
☐ require 928	☐ route 421	☐ seed 76
☐ required 596	☐ row 327, 358	☐ seek 191
☐ research 655, 769	☐ rub 270	☐ selection 566
☐ reservation 58	☐ rude 144	☐ sense 934
☐ reserve 57	☐ rule 511	☐ sensitive 725
☐ residential 4	☐ ruler 396	☐ sentence 668, 834
☐ resign 886	☐ rumor 697, 971	☐ separate 55
☐ resource 728	☐ run 793	☐ separately 118
☐ respect 945	☐ résumé 193	☐ serial 638
☐ response 693		☐ serious 240, 684
☐ responsibility 996	**S**	☐ set 213
☐ restroom 467	☐ safety 403	☐ settle 915
☐ result 930	☐ sale 104, 113	☐ severe 236
☐ retail 101	☐ salt 84	☐ sew 38
☐ retirement 887	☐ same 651	☐ shade 369
☐ return 107	☐ sample 123, 776	☐ shallow 357
☐ reunion 522	☐ satellite 781	☐ sharpen 394
☐ reuse 742	☐ satisfied 949	☐ shelf 20
☐ review 335, 532, 892	☐ save 178, 630, 737	☐ shirt 46
☐ revise 348	☐ saw 28	☐ shocked 953
☐ revolution 570	☐ scared 959	☐ shoe 41
☐ revolving 470	☐ scatter 53	☐ shopper 114
☐ rice 791	☐ scene 953	☐ shortage 866
☐ rich 789	☐ schedule 528, 882	☐ shortcut 420
☐ ride 356	☐ scheme 916	☐ shot 231
☐ right 803	☐ scholar 945	☐ shoulder 275
☐ ring 601	☐ schoolyard 539	☐ shower 709
☐ rinse 229	☐ scientific 544	☐ shred 79, 400
☐ risk 965	☐ scold 521	☐ shrine 475
☐ rival 806	☐ score 541	☐ shrug 275
☐ road 416, 422, 431, 723	☐ scratch 278	☐ sigh 960
	☐ script 661	☐ sightseeing 450
☐ rocket 783	☐ sculpture 309	☐ sign 422, 664, 700
☐ rod 374	☐ search 623, 995	☐ signature 665
☐ role 322	☐ seasick 359	☐ significant 982
☐ roll 495	☐ second 650	☐ simple 689

☐ single 156	☐ speed 413	☐ stress 245
☐ site 624, 747, 860	☐ speeding 414	☐ stretch 277
☐ situation 985	☐ spelling 667	☐ strict 515
☐ size 649	☐ spend 125	☐ string 297
☐ skill 897	☐ spill 95	☐ stroke 269
☐ skilled 387	☐ spin 575	☐ strong 91
☐ skin 75, 219	☐ spirit 571	☐ stuffed 392
☐ skip 62, 538	☐ split 60	☐ style 675
☐ sky 708	☐ spoil 167	☐ subject 596, 695
☐ sleeping 212	☐ spot 450, 477	☐ submit 663
☐ slender 218	☐ sprain 256	☐ substance 772
☐ slice 88	☐ spread 697	☐ suburb 3
☐ slight 230	☐ square 644	☐ subway 443
☐ slim 217	☐ squeeze 51	☐ success 958
☐ slope 419	☐ stain 42	☐ successful 981
☐ smell 93	☐ stair 9	☐ sue 831
☐ smoking 205	☐ stamp 388, 607	☐ suffer 244, 753
☐ snake 373	☐ standard 160, 775	☐ suggestion 993
☐ snowfall 722	☐ stationery 397	☐ suitable 774
☐ soccer 514	☐ statistics 654	☐ summit 377
☐ social 868	☐ statue 478	☐ sunlight 713
☐ society 813, 869	☐ status 943	☐ sunset 711
☐ soil 789	☐ steady 990	☐ sunshine 11, 714
☐ solar 10, 767	☐ steep 419	☐ supply 398, 843
☐ solid 559	☐ steering 405	☐ support
☐ solution 918	☐ stick 298, 607	185, 805, 978
☐ solve 914	☐ stimulate 938	☐ supreme 833
☐ sometimes 62	☐ stock 797	☐ surface 786
☐ somewhere 121	☐ stolen 268	☐ surgery 215, 250
☐ sophisticated 675	☐ stomach 243	☐ surprised 948
☐ sound 564, 759	☐ stone 285	☐ survey 777
☐ soup 84	☐ store 21, 101	☐ survive 822
☐ sour 89	☐ storm 707	☐ suspect 837
☐ source 765	☐ story 7, 336	☐ swallow 291
☐ south 12	☐ straighten 276	☐ sweater 37
☐ souvenir 482	☐ strap 440	☐ sweep 50
☐ space 21, 782	☐ stray 136	☐ symbol 941
☐ spacious 418	☐ stream 372	☐ sympathy 961
☐ species 748	☐ strength 203	
☐ speech 659, 686	☐ strengthen 979	

275

T

- tag 117
- tail 785
- talent 305
- talented 613
- tan 367
- tangled 297
- tank 137
- task 939
- taste 89, 338
- tax 122, 840
- tear 330
- technical 669
- technique 773
- technological 764
- technology 763
- teeth 211, 228
- telescope 550
- temperate 578
- temperature 86
- temple 475
- term 669
- terminal 249
- terrible 703
- territory 820
- terrorist 819
- theater 326
- theory 544
- thick 29, 715
- thread 39
- throat 261
- throw 281
- thumb 258
- thunder 719
- ticket 434
- tidy 49
- tie 36, 296, 383, 979
- tight 882
- tiring 370
- toast 88, 98
- toaster 129
- toilet 468
- tollgate 415
- tongue 238
- tool 26
- toolbox 20
- toothache 236
- torn 102
- toss 282
- tour 451, 454
- tourist 479
- towel 282
- tower 646
- toxic 772
- toy 53
- trade 841
- trading 896
- traditional 787
- traffic 429, 430
- translate 668
- transparent 557
- transplant 255
- transportation 425
- trash 55
- travel 449
- treat 59
- treatment 248
- triangle 641
- trim 226
- trip 285, 527
- tropical 137, 735
- trouble 986
- trust 154
- truth 987
- tuition 595
- turn 405
- tutor 543
- twist 257
- type 209
- typhoon 717
- typical 671

U

- ultimate 984
- ultraviolet 368
- umbrella 40
- unconscious 246
- understanding 911
- unemployment 867
- unfair 974
- unidentified 784
- unique 920
- unit 640
- university 583, 586
- unlock 23
- unnecessary 631
- unplug 129
- upset 957
- urban 2
- urgent 881
- used 334
- useful 670

V

- vacation 528, 890
- vacuum 52
- valuables 463
- value 988
- various 901
- vase 389
- vast 351
- vegetable 788
- vehicle 426
- version 348
- vertical 376
- victim 754
- victory 950
- video 624, 900
- view 484, 905

☐ viewpoint	903	☐ welcome	148
☐ village	492	☐ welfare	868
☐ violate	826	☐ well-known	698
☐ violence	170	☐ well-paid	191
☐ virus	633	☐ Western	864
☐ visa	460	☐ wheat	790
☐ visible	553	☐ wheel	405
☐ visual	635	☐ wheelchair	739
☐ vitamin	69	☐ width	648
☐ vivid	481	☐ wife	169
☐ vocational	530	☐ wild	736
☐ voice	292	☐ win	310, 385, 391
☐ volcano	476	☐ winding	416
☐ volume	130, 347	☐ windshield	406
☐ volunteer	876	☐ wipe	43, 537
☐ vote	803	☐ wire	29
		☐ withdraw	183

W

		☐ wood	307
☐ wage	200	☐ work	303
☐ waist	218	☐ worker	198
☐ wallet	121	☐ working	878
☐ waltz	314	☐ worry	930
☐ want	192	☐ wound	259
☐ war	822	☐ wrap	118
☐ warming	729	☐ wrist	257
☐ warning	707	☐ writing	393
☐ waste	740, 859	☐ wrong	436, 963
☐ water	24		
☐ watermelon	76	## X	
☐ waterproof	770	☐ X-ray	262
☐ wave	267, 564, 702		
☐ wealth	845	## Y	
☐ weapon	816	☐ year-end	113
☐ wear	33	☐ yen	465
☐ weather	703, 704		
☐ wedding	159	## Z	
☐ weeds	25	☐ zero	706
☐ weekly	340	☐ zone	578
☐ weigh	462		
☐ weight	204, 651		

学習に便利な『日本語 → 英語』の音声を
ダウンロード販売中！　　　定価 420 円

DL-MARKET
http://www.dlmarket.jp/
『英単語ピーナツ』でサイト内検索！

英単語ピーナツ BASIC 1000

英単語ピーナツ BASIC 1000　CD付

2013年 3 月27日　1 刷
2023年 3 月31日　9 刷

著　者	安河内　哲　也
	佐　藤　誠　司
発行者	南　雲　一　範
印刷所	日本ハイコム株式会社
製本所	有限会社松村製本所
発行所	株式会社　南雲堂

東京都新宿区山吹町 361 番地／〒 162-0801
振替口座・00160-0-46863
TEL (03) 3268-2311　FAX (03) 3260-5425
E-mail：nanundo@post.email.ne.jp
URL：https://www.nanun-do.co.jp

乱丁・落丁本はご面倒ですが小社通販係宛ご送付下さい。
送料小社負担にてお取替えいたします。

Printed in Japan　（検印省略）
ISBN978-4-523-25156-9　C7082　<G156>

BASICコースを

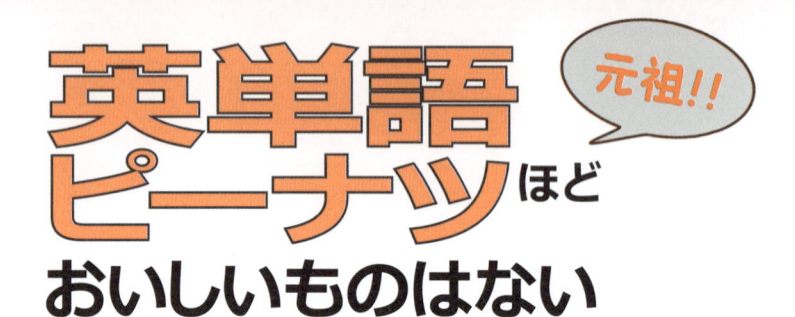

英単語ピーナツほど
おいしいものはない

元祖!!

清水かつぞー 著

東大生もみんな読んでいた!?

全国の書店にて 絶 賛 発売中！

修了された方は!!

金 Going for the Gold
メダルコース 【改訂新版】フルカラー
ISBN978-4-523-25155-2 C7082

銀 Going for the Silver
メダルコース 【改訂新版】フルカラー
ISBN978-4-523-25154-5 C7082

銅 Going for the Bronze
メダルコース 【改訂新版】フルカラー
ISBN978-4-523-25153-8 C7082

CD Book　各定価（本体 1,000 円＋税）

南雲堂　〒162-0801　東京都新宿区山吹町 361
TEL 03-3268-2311　FAX 03-3260-5425
URL http://www.nanun-do.co.jp